中学学科教学案例研究

编委会

主　任　党怀兴

副主任　李铁绳

委　员（以姓氏笔画为序）

王较过　户清丽　张迎春　周　青

贺卫东　徐赐成　郭英杰　麻丽娟

陕西师范大学基础教育课程改革研究中心基金资助

高等师范院校教师教育系列教材

中学化学教学案例研究

主　编　周　青　蔡龙飞
副主编　薛　亮　严文法　濮　江
编　委　陈　花　韩银凤　何明泽　雷香归
　　　　李晓文　刘存芳　马雷蕾　倪俊超
　　　　屈颖娟　史红霞　沙　靖　王冬梅
　　　　徐盼盼　惠青香　谢永侠　杨妙霞
　　　　姚琳娜　袁　欣　闫春更　赵维元

陕西师范大学出版总社

图书代号　JC21N1973

图书在版编目(CIP)数据

中学化学教学案例研究／周青，蔡龙飞主编. —西安：陕西师范大学出版总社有限公司,2022.1
ISBN 978-7-5695-2563-2

Ⅰ.①中…　Ⅱ.①周…②蔡…　Ⅲ.①中学化学课—教案(教育)—研究　Ⅳ.①G633.82

中国版本图书馆 CIP 数据核字(2021)第 213138 号

中学化学教学案例研究
ZHONGXUE HUAXUE JIAOXUE ANLI YANJIU

周　青　蔡龙飞　主编

责任编辑	杨雪玲
特约编辑	袁　欣
责任校对	刘金茹
封面设计	金定华
出版发行	陕西师范大学出版总社
	(西安市长安南路199号　邮编710062)
网　　址	http://www.snupg.com
经　　销	新华书店
印　　刷	陕西日报社
开　　本	787mm×1092mm　1/16
印　　张	11.75
字　　数	292千
版　　次	2022年1月第1版
印　　次	2022年1月第1次印刷
书　　号	ISBN 978-7-5695-2563-2
定　　价	47.00元

读者购书、书店添货或发现印装质量问题，请与本社高等教育出版中心联系。
电话:(029)85303622(传真)　85307864

第一章 原子结构与元素周期律教学案例研究 ……（1）
　　第一节　原子结构教学案例研究 ……（1）
　　第二节　元素周期律和元素周期表教学案例研究 ……（6）
　　第三节　元素周期表的应用教学案例研究 ……（13）

第二章 分子结构教学案例研究 ……（20）
　　第一节　化学键教学案例研究 ……（20）
　　第二节　化学键的极性和分子的极性教学案例研究 ……（27）
　　第三节　分子的空间结构教学案例研究 ……（34）

第三章 化学反应原理教学案例研究 ……（42）
　　第一节　氧化还原反应教学案例研究 ……（42）
　　第二节　电解池教学案例研究 ……（48）
　　第三节　化学能转化为电能教学案例研究 ……（61）
　　第四节　弱电解质的电离教学案例研究 ……（68）
　　第五节　盐类的水解教学案例研究 ……（71）

第四章 元素及其化合物教学案例研究 ……（82）
　　第一节　离子反应教学案例研究 ……（82）
　　第二节　氮的循环教学案例研究 ……（89）
　　第三节　金属材料教学案例研究 ……（95）
　　第四节　含硅矿物与信息材料教学案例研究 ……（102）
　　第五节　硫及其化合物教学案例研究 ……（110）
　　第六节　铁盐和亚铁盐教学案例研究 ……（119）

第五章 有机化合物教学案例研究 …………………………（128）
第一节 从化石燃料中获取有机化合物教学案例研究 …………（128）
第二节 醇和酚教学案例研究 ……………………………………（134）
第三节 醛酮教学案例研究 ………………………………………（145）

第六章 科学探究与实验教学案例研究 …………………………（151）
第一节 质量守恒定律实验教学案例研究 ………………………（151）
第二节 铁的重要化合物实验教学案例研究 ……………………（157）
第三节 化学反应速率的影响因素实验教学案例研究 …………（166）
第四节 影响化学平衡移动的因素实验教学案例研究 …………（175）

第一章 原子结构与元素周期律教学案例研究

第一节 原子结构教学案例研究

"原子结构"第1课时教学设计

教材链接：普通高中教科书《化学》选择性必修2 物质结构与性质（山东科学技术出版社,2019年）。

主要内容：玻尔的原子结构模型；能层、能级；原子轨道、电子云、原子轨道的图形描述。

【案例描述】

一、教学与评价目标

（一）教学目标

1.通过讨论原子结构模型不断发展、完善的过程，理解模型、假说等科学方法对科学研究的意义，养成可持续发展的科学精神和追求真理的科学态度。

2.通过利用"玻尔原子结构模型"解释氢原子的线状光谱，知道电子运动的能量状态具有量子化的特征，电子可以处于不同的能级，在一定条件下会发生激发和跃迁。

3.通过讨论"巧克力商店"不同层高的货架及同一层不同类型的巧克力盒，联想到能层与原子轨道，知道可以通过能级与原子轨道来描述电子的运动状态，掌握能级与轨道的名称与符号。

4.通过分析电子的运动特点，知道原子核外电子的运动不同于宏观物体，不能同时准确测定它的位置和速度；通过认识电子云图，知道可以用"电子云"对电子在空间体积里出现的概率大小进行描述。

（二）评价目标

1.通过对学生论证原子结构模型演变历程中证据与模型建立及其发展之间的关系能力的测评，诊断并发展学生模型认知水平。

2.通过对学生运用"玻尔原子结构模型"的基本观点解释原子光谱特点的完善程度的测

评,诊断并发展学生证据推理与模型认知水平。

3.通过对学生利用原子轨道模型描述电子的运动状态能力水平的测评,诊断并发展学生对类比科学方法的掌握和结构化认知水平。

4.通过对学生运用电子云模型描述电子在空间中的运动与分布能力水平的测评,诊断并发展学生宏观辨识与微观探析水平。

二、教学与评价思路

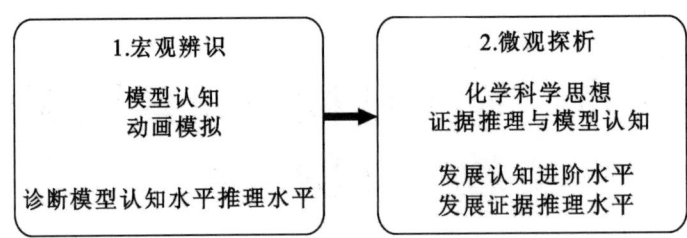

图1-1 教学与评价思路图

三、教学流程

(一)宏观辨识

【学习任务1】原子结构模型演变史。

【评价任务1】诊断并发展学生模型认知水平。

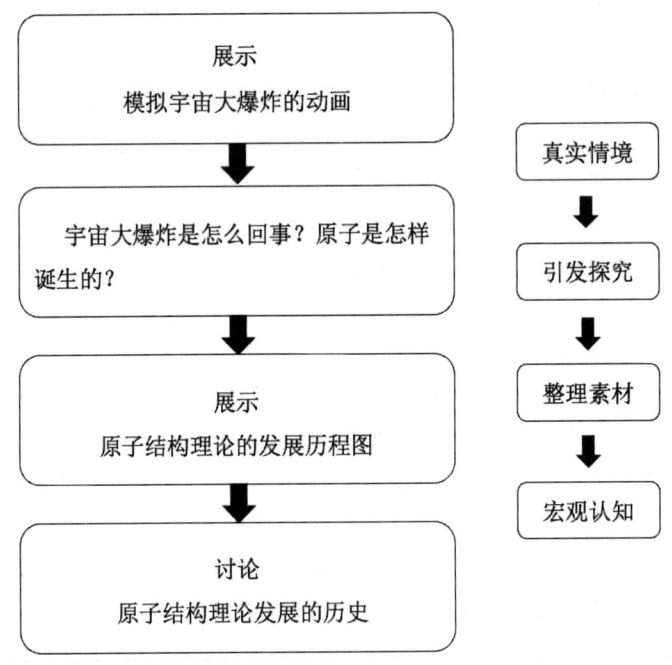

图1-2 学习任务1教学流程图

第一章 原子结构与元素周期律教学案例研究

教学环节	教学内容	教学活动		设计意图
		教师活动	学生活动	
导入新课	原子结构模型演变史	播放模拟宇宙大爆炸的动画。	观看	由历史发展进程激发学生兴趣。
		【提问】宇宙大爆炸是怎么回事?原子是怎样诞生的?	回顾,思考	引发学生思考,发展学生模型认知水平。
		PPT展示:原子结构理论的发展历程图。	观看,思考,讨论	引发深入思考与讨论,得出结论。

（二）微观探析

【学习任务2】氢原子光谱和玻尔的原子结构模型。

【评价任务2】诊断并发展学生证据推理与模型认知水平。

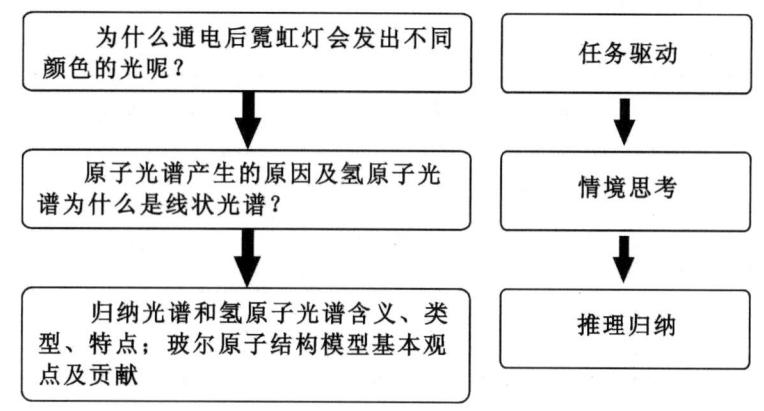

图1-3 学习任务2教学流程图

教学环节	教学内容	教学活动		设计意图
		教师活动	学生活动	
任务驱动	氢原子光谱和玻尔的原子结构模型	【提问】为什么通电后霓虹灯会发出不同颜色的光呢?	思考	引起学生对本节课的学习兴趣。
情境思考		【展示】α粒子散射实验。【提问】根据卢瑟福核式模型,氢原子光谱应该是什么样的?实际是什么样的?	1.阅读"玻尔原子结构模型"理论。2.交流、讨论原子光谱产生的原因及氢原子光谱为什么是线状光谱?	使学生认识到"玻尔原子结构模型"对原子结构理论的发展起着极其重要的作用。

续表

教学环节	教学内容	教学活动		设计意图
		教师活动	学生活动	
PPT展示	氢原子光谱和玻尔的原子结构模型	归纳总结光谱和氢原子光谱相关含义、类型、特点；玻尔的原子结构模型基本观点及贡献。	学生归纳整理本节课核心知识。	使学生知道基态、激发态及能量量子化的概念并知道氢原子光谱为什么是线状光谱。

【学习任务3】量子力学对原子核外电子运动状态的描述，包括原子轨道、原子轨道的图形描述、电子在核外的空间分布。

【评价任务3】诊断并发展学生对类比科学方法的掌握和结构化认知水平。

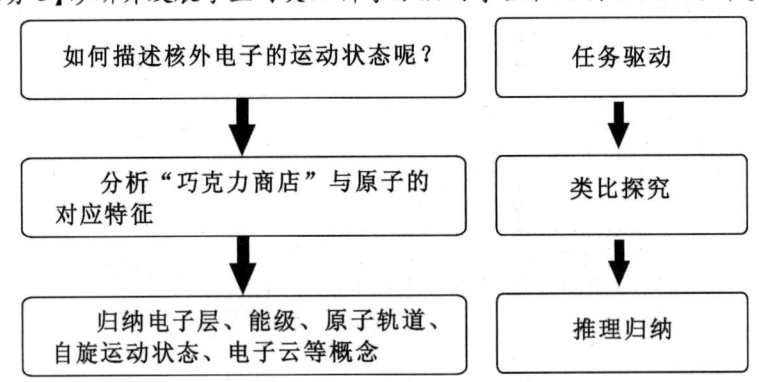

图1-4 学习任务3教学流程图

教学环节	教学内容	教学活动		设计意图
		教师活动	学生活动	
提出问题	原子轨道、电子云、原子轨道的图形描述	介绍一些光谱现象，评价"玻尔原子结构模型"的贡献和存在的不足。	评价"玻尔原子结构模型"的贡献，通过一些光谱现象和其他现象，知道模型存在的不足。	大量光谱实验证据说明玻尔模型中用一个量子数n已不能满足需要，从而介绍现代量子力学理论对核外电子运动状态的描述，引入"原子轨道"概念。
任务驱动		【提问】我们知道，电子的质量非常小，运行速度又极快，很难确定某一时刻原子中电子所处的精确位置。那么应该如何描述核外电子的运动状态呢？	思考	阐明学习描述核外电子的运动状态的学习价值，引发学生学习兴趣。

第一章 原子结构与元素周期律教学案例研究

续表

教学环节	教学内容	教学活动		设计意图
		教师活动	学生活动	
展示类比模型	原子轨道、电子云、原子轨道的图形描述	【展示】"巧克力商店"原子轨道模型。 【讲解】"巧克力商店"与原子的对应特征,解释电子层及原子轨道的形状、延展方向、能量高低。 【总结】列表总结归纳"巧克力商店"模型和原子的异同点。	分析思考	通过认识类比模型直观地帮助学生构建原子的空间结构,理解电子层及原子轨道的形状、延展方向、能量高低。
展示光谱事实		【讲述】氢原子的电子由 $n=2$ 的状态跃迁到 $n=1$ 的状态时得到两条靠得很近的谱线,钠的原子光谱中存在靠得很近的两条黄色谱线,都与电子的自旋有关。	聆听	通过光谱事实引出电子存在"自旋"的量子化状态。
提问激疑		【提问】原子轨道可以用波函数来表示,那么,又该如何理解波函数?怎样形象地描述电子在空间中的运动与分布呢? 【讲解】以电子为例,介绍高速运动的微观粒子的运动特点的不确定性。 【图片展示】电子处在1s、2p轨道的电子云图。 【讲解】介绍电子云图,讲解电子云与电子出现概率的关系。	思考	引导学生重点体会微观粒子与宏观物质运动特点的差异,电子的运动特点决定了只能用统计的方法来描述电子在空间某处出现的概率。
梳理概念		【梳理概念】电子层、能级、原子轨道、自旋运动状态、电子云、原子轨道的图形描述。	整理本课时主体知识。	培养学生归纳总结能力。

【案例评析】

本教学设计体现了"证据推理与模型认知"素养导向,凸显了证据意识,强化了模型认知。无论是显性化的原子结构模型,还是隐性的量子力学对核外电子运动状态的描述,都属于科学模型,是科学家基于实验证据建构的思维模型。发展"证据推理与模型认知"素养的教学,有利于纠正学生头脑中固有的"原子结构模型就是真实的原子结构"等错误概念,使其对思维模型与真实世界有辩证的、科学的认识。

整个教学过程有以下特色:

(1)善用科学史实,体验科学家的思维历程

本教学设计首先通过宇宙大爆炸的模拟视频引发学生对微观水平的物质世界产生兴趣,然后向学生展示原子结构理论的发展历程图,使其认识不同时期原子结构的不同模型,并通过不同原子结构模型认识及解释化学现象,促使学生达到论证证据与模型建立及其发展之间的关系的能力水平,发展其模型认知素养。

(2)把握已有知识,促进学生自主迁移

本教学设计在处理理论性较强的能层、能级、原子轨道、电子云等知识时,将学生已有的原子结构知识联系起来,使学生通过阅读课本、讨论总结、逐步分析推理,培养并发展学生微观探析及证据推理的化学学科核心素养。

(3)渗透类比思维,让学生"像科学家一样思考"

纵观原子结构的发展史,从"实心球"模型,到"葡萄干面包"模型,再到"行星"模型……在量子力学被引入原子轨道之前,科学家在描述原子结构时,无一不是应用了类比的方法。同时,在教育教学的过程中应用类比是渗透类比思维的有效手段,培养学生的科学思维能力,让学生"像科学家一样思考"。

电子层及原子轨道的形状、延展方向、能量高低是高中化学原子结构教学中的难点。"巧克力商店"类比模型中,学生成了模型中的一部分,使得整个模型体系从平面转为立体,直观地帮助学生构建原子的空间结构。原子—商店、原子核—学生、电子层—货架、轨道—巧克力盒子、电子—巧克力是一一对应的。在结合PPT讲解的基础上,学生可以很容易地把巧克力商店的几个特征和原子结构的几个特征联系起来。

第二节 元素周期律和元素周期表教学案例研究

"元素周期律和元素周期表"第2课时教学设计

教材链接:普通高中教科书《化学》必修第二册(山东科学技术出版社,2019年)。

主要内容:元素周期表的结构;周期和族的概念;推算元素在周期表中的位置。

【案例描述】

一、教学与评价目标

(一)教学目标

1.通过自主阅读与图表展示认识元素周期表的结构以及周期和族的概念,发展学生分析及总结能力。

2.通过例举法理解原子在周期表中位置间的关系,形成"结构决定性质"的观念,发展学生宏观辨识与微观探析化学学科核心素养。

3.能够基于元素周期表分析推测元素的位置及其原子结构,培养学生证据意识,提升证据推理素养。

第一章 原子结构与元素周期律教学案例研究

(二)评价目标

1. 通过自主阅读与图表展示,诊断并发展学生对元素周期表结构及周期和族的认识。

2. 通过对典型周期与族的举例,诊断并发展学生对原子结构与元素在周期表中位置间的关系的认识。

3. 通过对不同元素在元素周期表中位置的预测,诊断并发展学生对化学价值的认识水平(学科价值视角)。

二、教学与评价思路

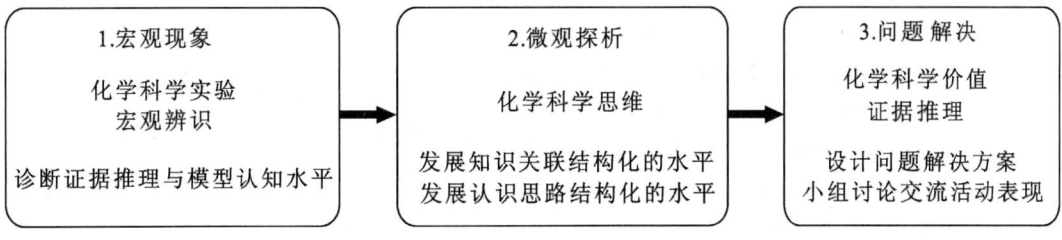

图1-5 教学评价与思路图

三、教学流程

(一)宏观现象

【学习任务1】通过自主阅读与图表展示认识元素周期表的结构以及周期和族的概念。

【评价任务1】通过自主阅读与图表展示,诊断并发展学生对元素周期表结构以及周期和族的认识。

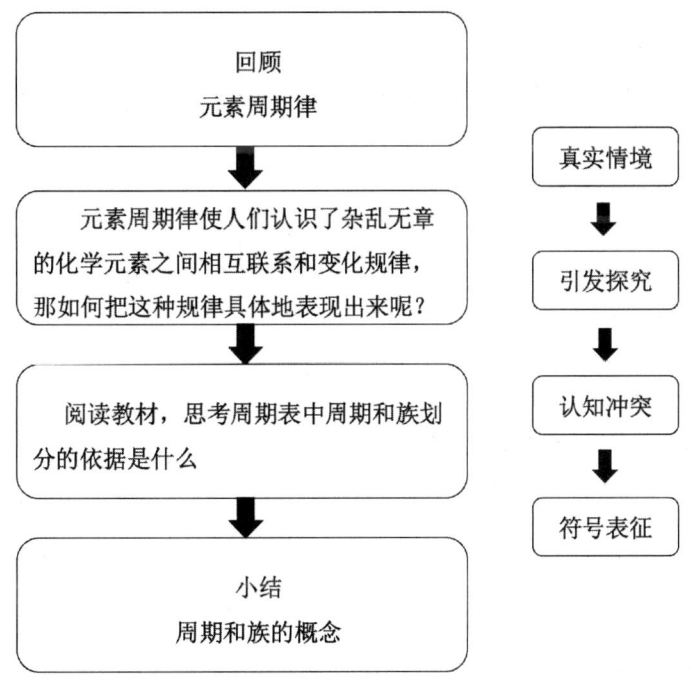

图1-6 学习任务1教学流程图

教学环节	教学内容	教学活动		设计理念
		教师活动	学生活动	
宏观现象	元素周期表的结构以及周期和族的概念	【回顾】元素周期律	回答问题：元素的性质随着元素原子序数的递增，而呈现出周期性的变化。	回顾旧知 承上启下
		【提问】元素周期律使人们认识了杂乱无章的化学元素之间相互联系和变化规律，如何把这种规律具体地表现出来呢？阅读教材 P14，第3行。思考周期表中周期和族划分的依据是什么？	阅读讨论，尝试总结周期和族的概念。	激发学习兴趣 建立概念
		【小结】同一周期：电子层数相同，原子序数递增的元素从左到右为同一周期； 同一族：最外层电子数相同，原子序数逐渐增大的元素从上到下为同一族。	学生分组分析讨论	微观探析 建立概念
		【阅读思考】阅读教材 P14，第15行，思考周期表中有多少周期？每周期有多少种元素？	阅读、思考、交流、讨论	以问题引入新课，开门见山，带有问题的阅读可调动学生学习的积极性，培养了学生合作意识以及语言表达能力。
		【"周期"总结】 【板书】一、周期	参与总结	化零为整，整理思路，领悟新知。
		【阅读思考】在周期表中有两个特殊的位置，镧系和锕系，阅读课本 P14 倒数第二段，说出这些元素在周期表中什么位置？结构上有何特点？	结合元素周期表阅读课本，并思考、讨论其结构上的特点。	排疑解难 承上启下
		【总结】镧(La)系和锕(Ac)系	参与总结	知识扩充 排疑解难

第一章 原子结构与元素周期律教学案例研究

续表

教学环节	教学内容	教学活动		设计理念
		教师活动	学生活动	
宏观现象	元素周期表的结构以及周期和族的概念	【观察与思考】在周期表中共有多少列?分为哪些族?	阅读、思考、讨论、交流	培养了学生合作意识以及语言表达能力。
		【"族"总结】 【板书】二、族	参与总结	整合零碎知识领悟新知
		【展示】元素周期表	参与总结	深化新知

(二)微观探析

【学习任务2】通过举例法理解原子结构与元素在周期表中位置间的关系。

【评价任务2】通过对典型周期与族的举例,诊断并发展学生对原子结构与元素在周期表中位置间的关系的认识。

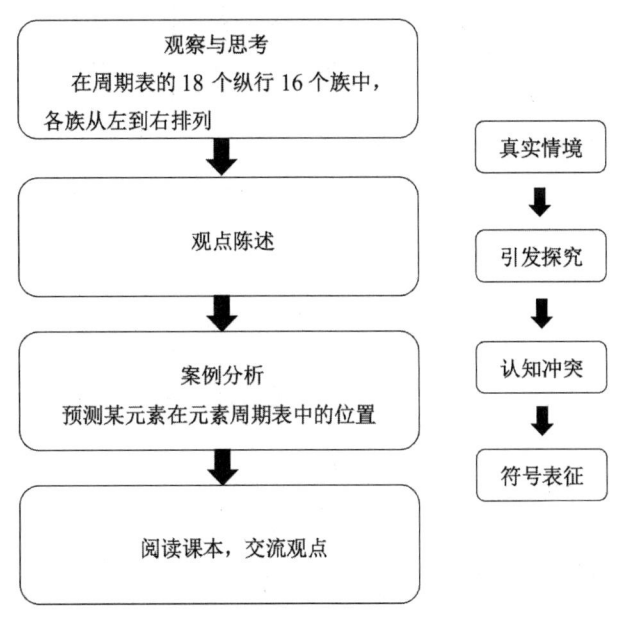

图1-7 学习任务2教学流程图

教学环节	教学内容	教学活动		设计理念
		教师活动	学生活动	
微观探析	原子结构与元素在周期表中位置间的关系	【观察与思考】在周期表的18个纵列16个族中，各族从左到右的排列顺序如何？	思考	问题引发学习探究兴趣。
		【展示】元素周期表	陈述观点：在元素周期表中，各族从左到右依次是：IA IIA IIIB IVB VB VIB VIIB VIIIB IB IIB IIIA IVA VA VIA VIIA 0。	化被动学习为主动学习，深化知识。
		【观察与思考】在所有族中，元素最多的族是哪一族？共有多少种元素？	【学生分组分析讨论】在所有族中，第IIIB族包括镧系和锕系元素，因此元素最多，共有32种元素。	微观探析建立概念
		【理解应用】据周期表结构，推测原子序数为85号的元素在周期表中的哪一周期？哪一族？	【案例评析】推测元素在哪一周期：85－2－8－8－18－18＝31，减5次后小于32，为第6行，第六周期；推测在哪一族：第六行的最后一列元素应为第32个，从减出的数据为31可以推出它是在第17列，为第VIIA族。	通过分析，学会如何应用周期表的结构推测一定原子序数的原子在周期表中的位置。巩固了对元素周期表结构的认识，加深对周期表结构的理解。
		【阅读思考】阅读教材P13倒数第一自然段，通过元素周期表，我们还可以了解元素的哪些信息？	【结合教师点评交流观点】(1)通过元素周期表，我们可以了解元素的原子序数、元素的位置、元素名称、元素符号、元素的类别、相对原子质量、价层电子排布、是否人造元素、是否放射性元素等信息。(2)通过元素周期表，我们还可以对元素进行分区，如硼、硅、砷、碲、砹和铝、锗、锑、钋的交界处画一条虚线，虚线的左侧为金属元素，右侧为非金属元素；位于虚线附近的元素，既表现金属元素的性质，又表现非金属元素的性质。(3)通过元素周期表，还可以根据元素在周期表中的位置认识它们的性质。	深化对元素周期表结构的认识。

(三)问题解决

【学习任务3】能够运用元素周期表分析元素的位置及其原子结构。

【评价任务3】通过对不同元素在元素周期表中位置的预测,诊断并发展学生对化学价值的认识水平(学科价值视角)。

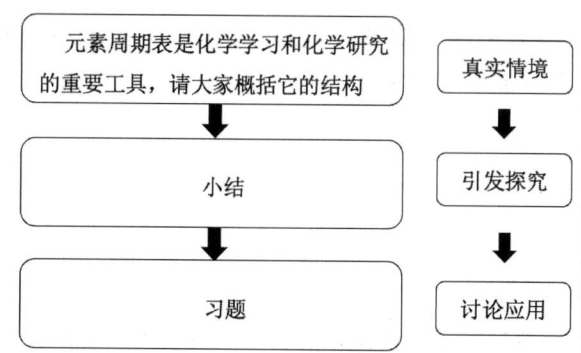

图1-8 学习任务3教学流程图

教学环节	教学内容	教学活动		设计意图
		教师活动	学生活动	
知识小结与应用	元素周期表结构小结	【联想、质疑】元素周期表是化学学习和化学研究的重要工具,请大家概括它的结构。	思考、总结	诊断知识的认知水平。
		小结	参与总结	巩固新知
		根据周期表的结构来推测32号、54号、118号元素在元素周期表的位置。	练习	学会利用元素周期表的结构特点推测一定原子序数的元素在周期表中的位置,为下一节学习元素"位、构、性"之间的关系做好准备。

教学反馈:

1. 下列说法正确的是( )

A. 元素周期表中元素排序的依据是原子的核电荷数

B. 元素周期表有十六个纵行,也就是十六个族

C. 原子的最外层电子数相同的元素,一定属于同一族

D. 电子层数相同的粒子,对应元素一定属于同一周期

2.在现行元素周期表中,所含元素种数最多的族和周期分别是(   )

A.第ⅠA族 第六周期

B.第Ⅷ族 第六周期

C.第ⅢB族 第六周期

D.第ⅢA族 第六周期

3.已知A为第ⅡA族元素,B为第ⅢA族元素,A、B的原子序数分别为m和n,且它们为同一周期的元素,下列关系式错误的是(   )

A. $n = m + 1$

B. $n = m + 11$

C. $n = m + 25$

D. $n = m + 10$

4.下列叙述中正确的是(   )

A.除0族元素外,短周期元素的最高化合价在数值上都等于该元素所属的族序数

B.除短周期外,其他周期均有18种元素

C.副族元素中没有非金属元素

D.碱金属元素是指第ⅠA族的所有元素

【案例评析】

本教学设计通过"自主阅读—分析讨论—归纳总结—案例评析—理论升华"等环节,始终让学生主动参与元素周期表有关结论的发现和探索,在生生合作、师生互动中,使学生成为知识的发现者和知识的研究者,致力于教会学生"如何思考,怎样学习",核心是学生思维的启发、学习能力的培养,引导学生主动建构知识,提升能力。

整个教学过程有以下特色:

(1)元素周期表作为教学的主题背景,使课堂教学"学不离表,表不离学",突出重点

元素周期律和元素周期表是学习化学的一个重要工具,在初中化学和化学必修第一册中曾经出现过元素周期表,但学生对元素周期表的认识只是停留在简单的了解和应用上,如查寻某元素的相对原子量。在本节的第1课时元素周期律的教学中,已经通过引导学生探究元素性质与原子结构的关系,初步归纳总结出元素周期律。元素周期表是元素周期律的具体表现形式,通过元素周期表的学习,一方面可以进一步深化元素周期律的学习,另一方面为学生学习元素化学构建了认知心理地图,对元素化合物知识的学习具有重要的指导意义。

(2)将元素周期律与周期表有机结合在一起,素养为本,步步深入,突破学习难点

本节课内容是基于微观水平让学生认识元素周期表的结构以及周期和族的概念,然后通过列举法让学生理解原子在周期表中位置间的关系,形成"结构决定性质"的观念,最后基于元素周期表分析推测元素的位置及其原子结构,培养学生证据意识,充分发展学生宏观辨识与微观探析及证据推理与模型认知的化学学科核心素养。同时,注重发展学生的自主构建能力,具体表现为图表信息提取、规律总结等。

第三节 元素周期表的应用教学案例研究

"元素周期表的应用"第1课时教学设计

教材链接:普通高中教科书《化学》必修第二册(山东科学技术出版社,2019年)。
主要内容:元素周期表中同周期元素性质的递变规律及其应用。

【案例描述】

一、教学与评价目标

(一)教学目标

1. 通过对门捷列夫预言的了解,激发学生探究元素周期表的兴趣。
2. 通过"实验探究""观察思考"使学生掌握同周期元素递变规律,并培养学生证据意识、实验探究能力以及对实验结果的分析、处理和应用总结能力。
3. 通过问题解决了解元素周期表在指导生产实践等方面的作用。

(二)评价目标

1. 通过对门捷列夫预言的了解,诊断并发展学生对原子结构和元素周期律的认识(宏观认识)。
2. 通过"实验探究""观察思考",诊断并发展学生对同周期元素递变规律的认知,以及其实验探究能力。
3. 通过问题解决,诊断并发展学生对同周期元素递变性及化学价值的认知水平(学科价值视角)。

二、教学与评价思路

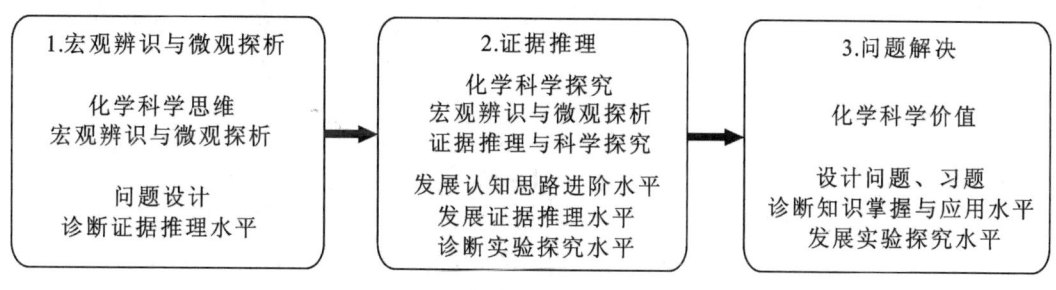

图1-9 教学与评价思路

三、教学流程

(一)宏观辨识与微观探析

【学习任务1】通过对门捷列夫预言的了解,激发学生探究元素周期表的兴趣。

【评价任务1】通过对门捷列夫预言的了解,诊断并发展学生对原子结构和元素周期律的认识。

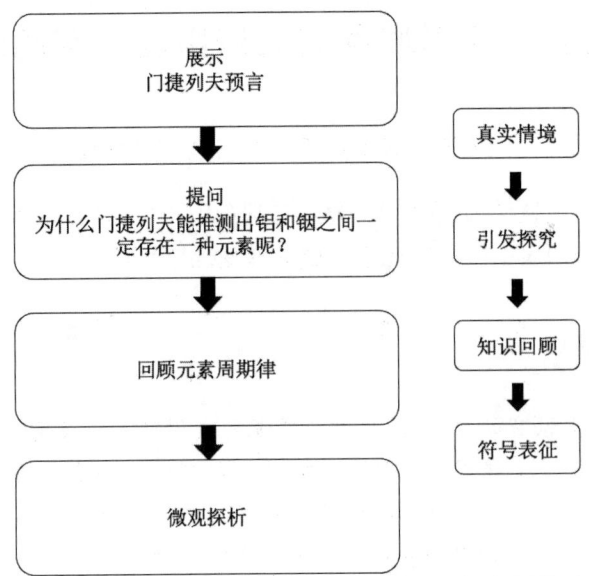

图1-10 学习任务1教学流程

教学环节	教学内容	教学活动		设计理念
		教师活动	学生活动	
导入新课	同周期元素递变性的引入	【展示】 门捷列夫预言	聆听思考	创设情景
		【提问】 为什么门捷列夫能推测出铝和铟之间一定存在一种元素呢？	联系已有知识进行思考、讨论。	激发求知欲
		【回顾】 元素周期律	【学生回答】 从左到右，核电荷数逐渐增大，最外层电子数逐渐增多，原子半径逐渐减小。	宏观辨识，建立概念
		【预测】 尝试根据元素原子结构的递变规律预测第三周期元素原子失电子能力或得电子能力的相对强弱。	【学生预测】 同周期元素从左到右原子失电子能力逐渐减弱，得电子能力逐渐增强。	引发探究问题

(二)证据推理

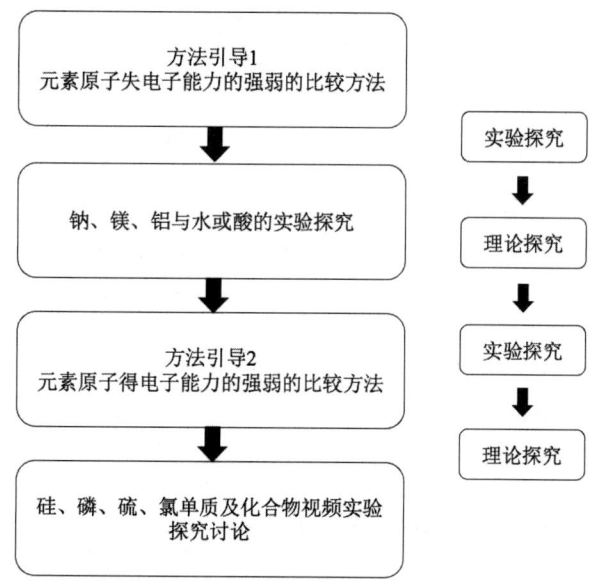

图1-11 学习任务2教学流程图

【学习任务2】通过"实验探究""观察思考",学生掌握同周期元素递变规律,培养实验能力以及对实验结果的分析、处理和总结能力。

【评价任务2】通过"实验探究""观察思考",诊断并发展学生对同周期元素递变规律的认识以及其实验探究水平。

教学环节	教学内容	教学活动		设计理念
		教师活动	学生活动	
方法引导1	同周期元素失电子能力的强弱	元素原子失电子能力的强弱,可以采用下列方法间接判断: 1.比较元素单质与水(或酸)反应置换出氢的难易程度。置换反应越容易发生,元素原子的失电子能力越强。 2.比较元素最高价氧化物对应水化物的碱性强弱。一般来说,碱性越强,元素原子失电子的能力越强。	聆听思考 ⇩ 尝试理解	调动学生的学习积极性和学习热情,承上启下。

续表

教学环节	教学内容	教学活动 教师活动	教学活动 学生活动	设计理念
实验探究1	同周期元素失电子能力的强弱	实验1：钠、镁和水的反应 $2Na + 2H_2O = 2NaOH + H_2\uparrow$ $Mg + 2H_2O = Mg(OH)_2 + H_2\uparrow$ 金属性：$Na > Mg$ 实验2：向盛有已擦去表面氧化膜的镁条和铝片的试管中，各加入2 mL 1 mol/L的盐酸。 $Mg + 2HCl = MgCl_2 + H_2\uparrow$ $2Al + 6HCl = 2AlCl_3 + 3H_2\uparrow$	观察现象，尝试总结 实验1现象： 钠：浮、溶、游、响、红 镁：无明显现象 实验2现象： 镁：有气泡放出，反应剧烈 铝：有气泡放出，反应较剧烈	领悟新知、体现证据意识、提升科学探究能力。
		【小结】同周期元素从左到右失电子能力逐渐减弱。	参与总结	领悟新知、归纳总结。
方法引导2	同周期元素得电子能力的强弱	元素原子得电子能力的强弱，可以采用下列方法间接判断： 1. 元素单质与氢气化合的难易程度，一般来说，反应越容易进行，元素原子得电子的能力越强。 2. 比较气态氢化物的稳定性，气态氢化物越稳定，元素原子得电子的能力越强。 3. 比较元素最高价氧化物对应水化物的酸性强弱。一般来说，酸性越强，元素原子得电子的能力越强。	聆听思考 尝试理解	调动学生的学习积极性和学习热情，承上启下。
实验探究2		【展示】 视频展示硅、磷、硫、氯单质与氢气反应的剧烈程度。	观察现象，尝试总结	激发学生学习兴趣，培养证据推理意识与科学探究意识。
		【小结】 1. 硅、磷、硫、氯最高价氧化物的水化物酸性逐渐增强； 2. 硅、磷、硫、氯与氢气反应生成气态氢化物的稳定性逐渐增强； 3. 结论：同周期元素从左到右得电子能力逐渐增强。	参与总结	领悟新知、归纳总结。

第一章 原子结构与元素周期律教学案例研究

（三）问题解决

【**学习任务3**】通过问题解决了解元素周期表在指导生产实践等方面的作用。

【**评价任务3**】诊断并发展学生对化学价值的认识水平（学科价值视角、社会价值视角、学科和社会价值视角）。

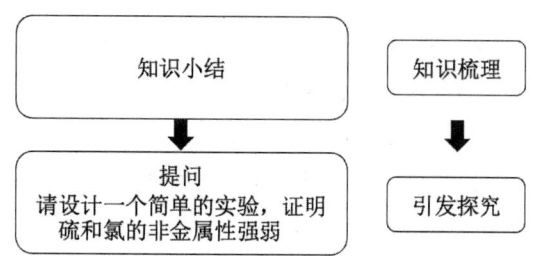

图1-12 学习任务3教学流程图

教学环节	教学内容	教学活动		设计理念
		教师活动	学生活动	
知识小结	同周期元素递变性小结	设计表格，由学生分组讨论总结，教师给予点评补充。	尝试讨论、总结本节要点。	诊断学生的认知水平及归纳总结的能力。
知识应用	同周期元素递变性应用	【提问】请设计一个简单的实验，证明硫和氯的非金属性强弱。	1.单质氯的氧化性强于单质硫。验证方法：氯气与硫化氢混合后，生成氯化氢和硫。 2.氯与氢的化合比硫与氢的化合容易，生成的产物也稳定。验证方法：(1)氯与氢混合后，一经点燃或者强光照射就会爆炸，而硫和氢的反应则需要加热。(2)氯化氢十分稳定，很难分解。而硫化氢在高温下会分解成硫和氢气。(3)氯的氧化物的酸性强于硫的氧化物。氯的最高价氧化物对应的酸是高氯酸（$HClO_4$），它属于"超酸"范围，比100%硫酸要强10倍左右。	发展同周期元素递变性认知水平及实验探究能力。

（四）教学反馈

1. 判断下列说法是否正确：

(1) C、N、O、F 原子半径依次增大。

(2) PH_3、H_2S、HCl 稳定性依次增强。

(3) HClO 比 H₂SO₄ 酸性强。
(4) 甲、乙两种非金属元素与金属钠反应时,甲得电子的数目多,所以甲活泼。

2. 已知 X、Y、Z 三种元素原子的电子层数相同,且原子序数 X < Y < Z,则下列说法正确的是:

A. 原子半径 X < Y < Z
B. 得电子能力 X、Y、Z 逐渐减弱
C. 最高价含氧酸酸性 $H_3XO_4 < H_2YO_4 < HZO_4$
D. 气态氢化物的稳定性按照 X、Y、Z 顺序减弱

3. 某同学做同周期元素性质递变规律实验时,自己设计了一套实验方案,并记录了有关实验现象如下表。

请你帮助该同学整理并完成实验报告:

实验方案	实验现象
1. 用砂纸擦拭后的镁带与热水反应,再向反应后的溶液中滴加酚酞。	A. 镁带浮于水面,熔成一个小球,在水面上无定向移动,随之消失,溶液变红。
2. 向 Na₂S 溶液中滴加新制的氯水。	B. 产生气体,可以在空气中燃烧,溶液变成浅红色。
3. 钠与滴有酚酞的冷水反应。	C. 反应不强烈,产生的气体可以在空气中燃烧。
4. 镁带与 2 mol/L 的盐酸反应。	D. 剧烈反应,产生可燃性气体。
5. 铝条与 2 mol/L 的盐酸反应。	E. 生成白色胶状沉淀,随后沉淀消失。
6. 向氯化铝中滴氢氧化钠至过量。	F. 生成淡黄色沉淀。

(1) 实验目的:
(2) 实验用品:
仪器:① ② ③ ④ ⑤镊子 ⑥小刀 ⑦玻璃片 ⑧砂纸 ⑨试管夹
药品:钠、镁带、铝条、2 mol·L⁻¹盐酸、新制氯水、Na₂S 溶液、AlCl₃ 溶液、NaOH 溶液等。
(3) 实验内容:(填写与实验方案相对应的实验现象)
1.____ 2.____ 3.____ 4.____ 5.____ 6.____
写出 3. 的离子方程式;
(4) 实验结论:

【案例评析】

该教学设计以问题为导向,以实验为基础,以探究为方法,通过三个学习任务不断提出问题并设计实验解决问题,提升学生对同周期元素递变规律的认知水平,构建"原子结构、周期表中位置、元素性质"的认知模型,同时发展学生应用"构一位一性"认知模型预测陌生元素及其化合物性质的能力。学习任务1通过创设问题情境激发学生探究元素周期表的学习兴趣;学习任务2通过学生开展实验探究,观察记录实验现象,让学生对第三周期元素得失电子能力进行分析、比较,引导学生从宏观现象向微观本质探索;学习任务3通过学生自主

设计实验方案,探究硫和氯的非金属性强弱,体会应用元素周期表推断元素性质的化学价值。

整个教学过程有以下特色:

(1)注重问题情境的创设

基于化学史"门捷列夫在批判地继承前人工作的基础上,按原子量递增的顺序编制了第一张元素周期表,并在原子量跳跃过大的地方留出空位",创设问题情境"为什么门捷列夫能推测出铝和铟之间一定存在一种元素呢",激发学生的学习兴趣,带领学生从宏观认识走向微观本质,引导学生关注元素周期表中元素性质间的内在联系。

(2)利用"宏 - 微 - 符"等多重表征形式,培养学生宏观辨识与微观探析的核心素养

在教学过程中教师多次从化学实验现象或宏观问题出发引导学生从微观角度分析现象的本质,从宏观与微观相结合的视角分析与解决实际问题,让学生意识到化学是在原子、分子水平上研究物质的组成、结构、性质、转化及其应用的一门基础学科,其特征是从微观层次认识物质,以符号形式描述物质。

(3)突出实验探究,培养学生科学探究与创新意识的核心素养

教师在学习任务2为学生提供了两种不同的实验方法,通过理论分析结合实验探究,让学生学会观察实验现象,并运用理论知识来分析、处理、总结实验结果,体验科学探究的过程与方法,并在探究中学会合作,学会思考,从而进一步意识到科学探究是进行科学解释和发现、创造和应用的主要的科学实践活动。

参考文献

[1] Liguori, Lucia. The Chocolate Shop and Atomic Orbitals: A New Atomic Model Created by High School Students To Teach Elementary Students[J]. Journal of Chemical Education,2014,91(10):1742 - 1744.

[2] 白建娥,李奇,宋兆爽,等. 发展"证据推理与模型认知"素养的单元整体教学:以鲁科版选择性必修模块"原子结构"为例[J]. 化学教学,2021(08):43 - 47.

第二章　分子结构教学案例研究

第一节　化学键教学案例研究

"化学键"第1课时教学设计

教材链接:普通高中教科书《化学》必修第一册(人民教育出版社,2019年)。
主要内容:化学键、离子键与离子化合物的概念;电子式的书写。

【案例描述】
一、教学与评价目标
(一)教学目标
1.通过视频演示实验知道化学反应中存在化学键变化,学会从微观角度描述离子键。
2.通过解释离子键的形成培养学生的微粒观,发展学生的迁移能力,使学生在认识离子键形成条件的基础上学会判断离子键的存在。
3.能较为熟练地用电子式表示离子化合物的分子结构和形成过程。
(二)评价目标
1.通过对离子键形成过程的分析,培养并发展学生怀疑、求实、探索、创新的精神。
2.通过对 Na 与 Cl_2 反应的讨论和点评,诊断并发展学生从宏观到微观、从现象到本质的认识事物的科学方法(学科价值视角)。
3.通过离子键及离子化合物的学习,诊断并发展学生理解、应用、探究能力。
二、教学与评价思路

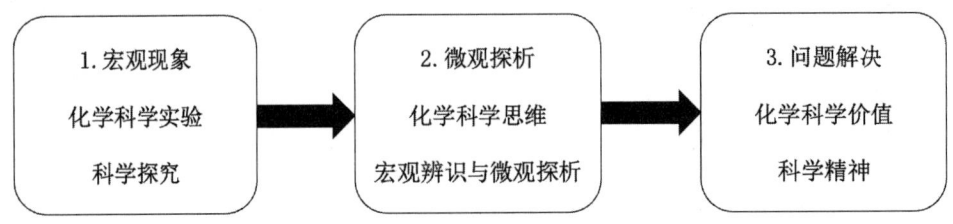

图2-1　教学与评价思路图

三、教学流程

(一)化学键概念的建立

【学习任务1】化学键。

【评价任务1】诊断并发展学生微观认知意识(宏观辨识与微观探析)。

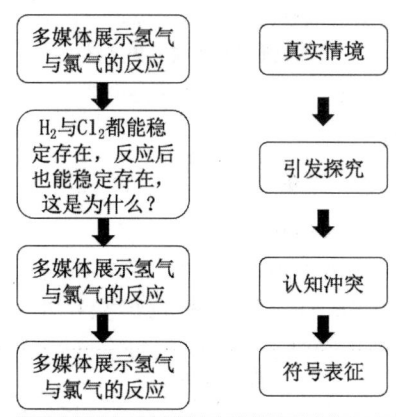

图2-2 学习任务1教学流程图

教学环节	教学内容	教学活动		设计理念
		教师活动	学生活动	
导入新课	化学键的概念的建立	【讲解】我们目前发现了100多种元素,他们可以形成很多物质,那么这些物质是如何稳定存在的。	学生思考回答	温故知新 激发学习兴趣
		【板书】化学键:分子中相邻的两个或多个原子间强烈的相互作用力。	记忆理解	微观探析 建立概念
		【视频实验】钠在氯气中燃烧。	观察	温故知新 激发学习兴趣
		【提问】在这个反应过程中生成了氯化钠,我们结合课本知识及物质稳定存在原因分析一下这个过程中的化学键变化关系,老师总结得出结论:氯化钠能稳定存在的原因是氢原子与氯原子之间形成了相互作用力。	学生分组分析讨论代表回答	微观探析 建立概念

(二)离子键概念的建立

【学习任务2】离子键。

【评价任务2】诊断并发展学生微观认知意识(宏观辨识与微观探析)。

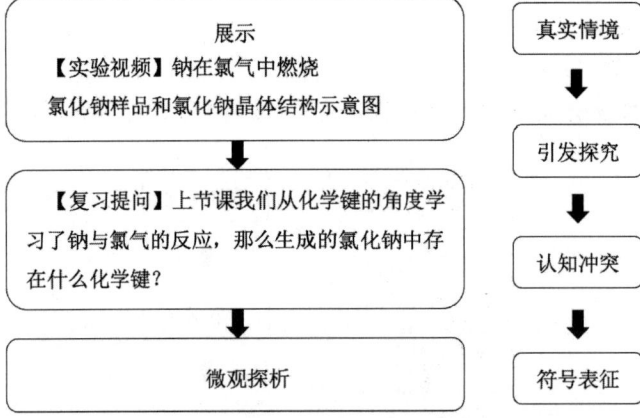

图2-3 学习任务2教学流程图

教学环节	教学内容	教学活动		设计意图
		教师活动	学生活动	
导入新课	离子键	【复习】 1.什么是化学键？ 在学生回答、板书后，给予纠正、补充。 【引入】 1.氯化钠中存在什么化学键？	学生思考 自己书写 黑板作答	温故知新 激发学习兴趣
		【讲解】非金属元素之间化合时，形成共价键，那么活泼的金属元素与活泼的非金属元素化合时形成是什么化学键？	思考分析	创设情境 让学生带着问题学习
		【展示】 氯化钠样品和氯化钠晶体结构示意图。	观察 思考分析 理解讨论	温故知新 激发学习兴趣
		【讲解】从宏观上讲钠在氯气中燃烧，生成新的物质氯化钠，若从微观角度考虑，又该如何解释呢？ 【视频演示】NaCl的微观形成过程。	学生分组 分析讨论 代表回答	微观探析 建立概念

第二章 分子结构教学案例研究

续表

教学环节	教学内容	教学活动		设计意图
		教师活动	学生活动	
导入新课	离子键	【板书】 一、离子键 1.定义：阴阳离子结合形成化合物时的这种静电作用，叫作离子键。 2.成键粒子：阴阳离子 3.成键性质：静电作用（静电引力和斥力） 4.成键结果： ① 阴、阳离子间的吸引力和排斥力达到平衡。 ② 成键后体系能量降低。	理解定义	培养学生理解定义，从定义中提炼重点的能力
		【思考与交流】在氯化钠晶体中，Na^+ 和 Cl^- 间存在哪些力？	思考回答	微观探析
	应用	【讲解】我们知道共价键的形成条件，那么根据刚刚氯化钠的形成过程分析离子键的形成条件是？ 【板书】 二、形成条件：活泼金属与活泼非金属原子 一般活泼的金属元素（IA，IIA）和活泼的非金属元素（VIA，VIIA）之间形成的化学键为离子键。	思考回答	激发学习兴趣 培养学生归纳能力

(三) 宏观认识、微观探析

【学习任务3】电子式。

【评价任务3】诊断并发展学生从宏观到微观、从现象到本质的认识事物的科学方法（学科价值视角）。

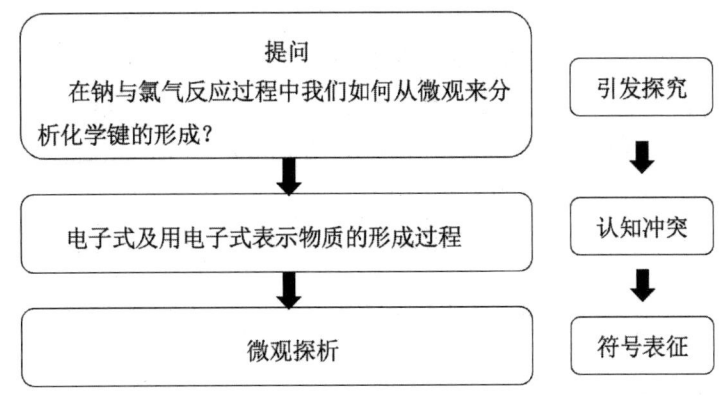

图2-4 学习任务3教学流程图

教学环节	教学内容	教学活动		设计理念
		教师活动	学生活动	
电子式	电子式	【过渡】我们刚刚学习了化学键中的离子键,那么在化学变化中它是如何变化的呢?我们以钠与氯气的反应为例来从微观上认知。	结合课本思考	调动学生的学习积极性和学习热情;承上启下
	媒体动画演示	对学生的回答做适时点评或启发。 【板书】三、用电子式表示离子化合物及其形成过程。 以 NaCl 的形成为例讲解。 练习:KBr、NaCl 的形成过程,写出离子化合物 NaF、MgO、KCl 的电子式。 检查练习情况及时纠正,指出应注意的问题。 【小结】共价化合物是原子间通过共用电子对结合而成,书写时将共用电子对画在两原子之间,每个原子的未成对电子和孤对电子也应画出。 离子化合物的电子式先分别画出阴阳离子,然后让阴阳离子间隔排列,相同离子不能合并。	尝试理解应用	微观与宏观联系;让学生分析得出结论,让学生具有成就感
		【小结】本节课我们主要学习了化学键中的离子键及电子式的有关知识。知道离子键是阴、阳离子之间的静电作用,电子式不仅可以用来表示原子、离子,还可以用来表示物质分子及化合物的形成过程。	理解	培养学生总结归纳的习惯

(四)离子化合物

【学习任务4】离子化合物。

【评价任务4】通过离子键及离子化合物的学习,诊断并发展学生理解、应用、探究能力。

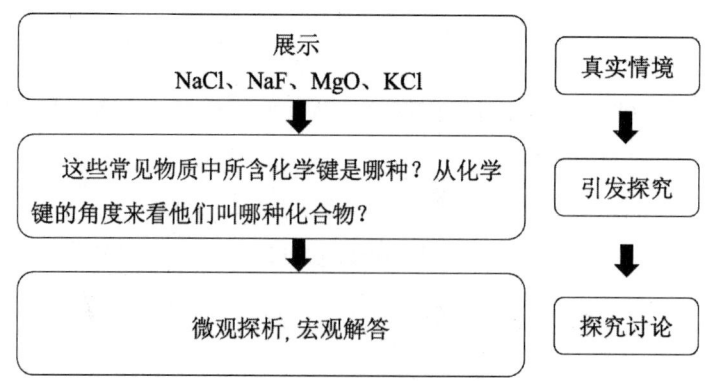

图2-5 学习任务4教学流程图

教学环节	教学内容	教学活动		设计理念
		教师活动	学生活动	
知识理解	离子化合物	【过渡】我们学习了离子键,那么含有离子键的化合物叫什么化合物?	学生讨论思考	诊断知识的认知水平
		【提问】NaCl、NaF、MgO、KCl中所含化学键是?从化学键的角度来看他们叫什么化合物?	学生讨论思考积极回答得出结论	调动学生的学习积极性和学习热情;且承上启下
温故知新		【板书】四、离子价化合物 1.定义:含离子键的化合物。 2.大多数活泼金属元素和活泼的非金属元素形成的化合物是离子化合物	理解定义学会判断温故知新	培养学生的理解、判断、领会能力;让学生理解化学知识之间的联系;让学生学会对比学习

教学反馈:

1. 下列物质中,含有离子键的是(　　)

A. Cl_2　　　　B. CO_2　　　　C. NaCl　　　　D. H_2O_2

2. 与 Na_2O 化学键类型相同的物质是(　　)

A. H_2　　　　B. HCl　　　　C. KCl　　　　D. CO_2

3. 能形成离子键的是(　　)

A. 任何金属元素与非金属元素之间的化合

B. 任意两种元素之间的化合

C. 典型活泼金属和典型活泼非金属之间的化合

D. 两种非金属元素之间的化合

4. 下列物质中不属于离子化合物的是(　　)

A. NaOH　　　　B. HCl　　　　C. Na_2O_2　　　　D. NH_4Cl

5. 下列说法正确的是(　　)

A. 离子键是阴、阳离子间存在的静电引力

B. 只有金属和非金属化合时才能形成离子键

C. 含有离子键的化合物一定是离子化合物

D. 第ⅠA族和第ⅦA族元素原子化合时,一定形成离子化合物

6. 下列只含有离子键的化合物是(　　)

A. HI　　　　B. NaOH　　　　C. Br_2　　　　D. NaCl

7. 下列 A、B 两种元素,其中可以组成 AB_2 型离子化合物的是(　　)

A. C 和 O　　　　B. Na 和 S　　　　C. Mg 和 Cl　　　　D. Ne 和 O

8. 下列关于离子化合物的叙述正确的是(　　)

A. 离子化合物中的阳离子只能是金属离子
B. 离子化合物中一定含有离子键
C. 离子化合物都能溶于水,其水溶液可以导电
D. 溶于水可以导电的化合物一定是离子化合物

9. 固体 A 的化学式为 NH_5,它的所有原子的最外层都符合相应稀有气体原子的电子层结构电子式 $[H:\overset{H}{\underset{H}{\ddot{N}}}:H]^+[:H]^-$,下列说法正确的是(　　)

A. NH_5 属于离子化合物　　　　　　B. NH_5 属于共价化合物
C. NH_5 只含有离子键　　　　　　　D. NH_5 只含有共价键

10. 下列各组中的每种物质内既有离子键又有共价键的一组是(　　)
A. $NaOH$、H_2SO_4、$(NH_4)_2SO_4$　　　　B. MgO、Na_2SO_4、NH_4HCO_3
C. Na_2O_2、NH_4Cl、Na_2SO_4　　　　　D. HCl、Al_2O_3、$MgCl_2$

11. 下列说法正确的是(　　)
① 离子化合物一定含离子键,也可能含极性键或非极性键
② 同位素的性质几乎完全相同
③ 含金属元素的化合物不一定是离子化合物
④ 由非金属元素组成的化合物一定是共价化合物
⑤ 由分子组成的物质中一定存在共价键
A. ①③⑤　　　　B. ②④　　　　C. ①③　　　　D. ②③④

12. 在下列变化过程中,既有离子键被破坏又有共价键被破坏的是(　　)
A. 将 SO_2 通入水中　　　　　　　　B. 火碱溶于水
C. 将 HCl 通入水中　　　　　　　　D. 硫酸氢钠溶于水

13. 下列各组化合物中,化学键的类型相同的是(　　)
① $CaCl_2$ 和 Na_2S　② Na_2O 和 Na_2O_2　③ CO_2 和 CS_2　④ HCl 和 $NaOH$
A. ①②　　　　B. ②③　　　　C. ①③　　　　D. ②④

14. 写出下列化合物的电子式
NaF、MgO、KCl、Na_2O_2、Na_2O、HCl 和 $NaOH$

【案例评析】

本节课在学生学习元素周期表和元素周期律的基础上介绍化学键,使学生进一步认识组成物质的微粒之间的作用力,以及化合物的形成和化学反应的本质。本案例设计的特色为:

(1)倡导真实问题情境创设

真实问题情境是完成教学过程的重要载体,将学生置身于问题情境中,成为主动参与者,实现知识的内化,对学生学科素养的培养具有重要意义。在上述设计中,"H_2 和 Cl_2 能稳定存在,反应后也能稳定存在,这是为什么呢?""我们目前发现了100多种元素,他们可以形成很多物质,那么这些物质是如何稳定存在的?"这些均为真实的问题,让学生产生认知冲

突,激发了学生的探究兴趣,迫切想通过实验和理论进行探究。并通过播放钠在氯气中燃烧的实验视频,使学生从宏观现象逐渐进入构成物质的微粒之间作用力的探究。

(2)采用多种教学方法

此教学活动中采用的教学方法有以下3种:一是演示法,如演示钠在氯气中燃烧,用视频演示 NaCl 的微观形成过程;二是练习法,如让学生书写 KBr、NaCl 的形成过程,写出离子化合物 NaF、MgO、KCl 的电子式,使学生通过反复地练习其书写技巧及形成原理来巩固知识;三是讨论法,如在学生观看视频演示钠在氯气中燃烧试验后,让学生分组讨论并从微观的角度解释该现象。

(3)注重认识思路的结构化

认识思路的"结构化"是认识素养发展的直接体现。上述设计中,在"结构决定性质"这一主线的引领下,引导学生从宏观现象过渡到构成物质的微粒之间的作用力的学习。然后引导学生从化学键、元素组成以及宏观性质等多角度认识物质,多角度分析问题、解决问题,丰富认识角度,实现"宏微结合"对物质进行分析。

第二节 化学键的极性和分子的极性教学案例研究

"化学键的极性和分子的极性"第1课时教学设计

教材链接:普通高中教科书《化学》选择性必修2 物质结构与性质(人民教育出版社,2020年)。

主要内容:基于电负性认识化学键的极性、描述化学键的极性、认识与判断极性分子与非极性分子、认识分子极性与物质性质的关系。

【案例描述】

一、教学与评价目标

(一)教学目标

1. 认识构成物质的微粒之间存在相互作用,知道分子存在一定的空间结构。
2. 认识原子间通过原子轨道重叠形成共价键,知道共价键可分为极性和非极性共价键。
3. 知道分子可以分为极性分子和非极性分子,且分子极性与分子内键的极性、分子的空间结构密切相关。

(二)评价目标

1. 能判断简单离子化合物和共化合物中的化学键类型;能从元素原子层面认识键的极性。
2. 能利用电负性判断共价键的极性,能根据共价分子的结构特点说明简单分子的某些性质。
3. 能从电荷分布情况角度认识键的极性,且能根据分子结构特点和键的极性来判断分子的极性。

二、教学与评价思路

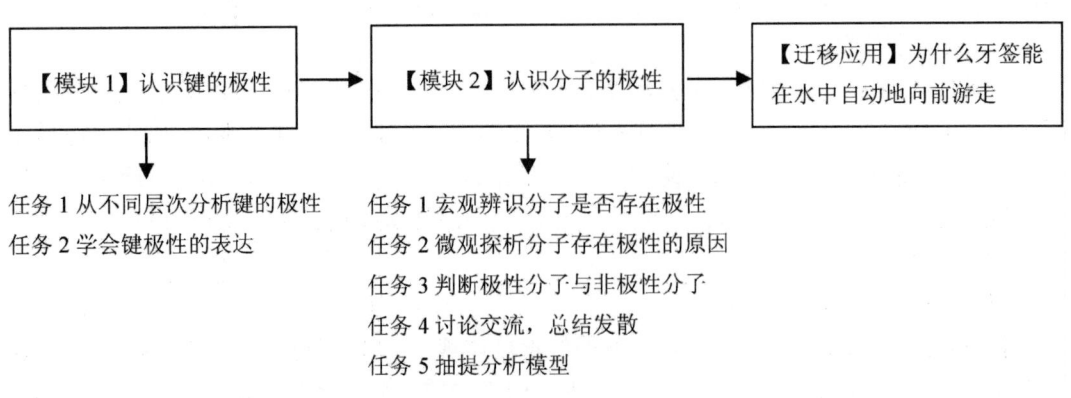

图2-6

三、教学流程

【情境引入】

教学环节	教学内容	教学活动		设计理念
		教师活动	学生活动	
新课导入	创设情境，设问置疑	【实验】一盆清水，2支牙签，在靠左的牙签一头涂上洗发水，右侧牙签并未做任何处理，同时放入水中，它们将会怎样呢？	学生观察思考	激发学生学习兴趣

（一）模块1 认识键的极性

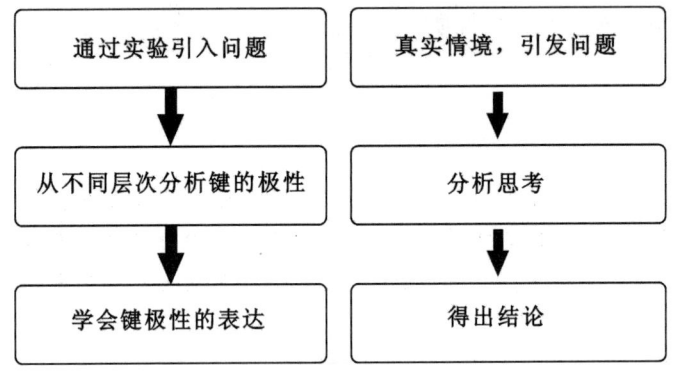

图2-7

【学习任务1】从不同层次分析键的极性。

【评价任务1】依据电子式和结构式，从宏观元素层面判断键的极性；依据元素的电负性，从微观原子层面分析电荷分布情况。

教学环节	教学内容	教学活动		设计理念
		教师活动	学生活动	
认识键的极性	从不同层次分析键的极性	【设问】电荷分布的不均匀性在化学上就称为极性,请问如果两种元素的电负性的差值不断增大,极性将会怎样,键将会变成什么键?	学生经分析思考后回答	微观探析
		【板书】根据电负性判断化学键:一般,两种元素原子的电负性之差 $\Delta x = 0$,形成非极性键;$0 < \Delta x < 1.7$,形成极性键;$\Delta x > 1.7$,形成离子键。	记录理解	培养学生分析能力
		【讲解】电负性之差是连续的,而我们对键的分类却是阶段性的,这恰好印证了量变引起质变的哲学观点。	理解定义	建立概念

【学习任务2】学会键极性的表达。

【评价任务2】学会通过偶极矩表达键的极性。

教学环节	教学内容	教学活动		设计理念
		教师活动	学生活动	
认识键的极性	学会键极性的表达	【设问】极性是电荷分布的不均匀性,那么如何对键的极性进行表达呢?	思考答案	让学生带着问题进行学习。
		【讲解】我们以HCl的电子云轮廓图为例,Cl的电负性大于H,原子轨道重叠区近Cl端电子云密度进一步增大,所以Cl略带负电而H略带正电。这样就出现了正负电荷中心,我们将其提取出来就得到正负两极点,而这正两极点有个特点,电量是相等的,而电性是相反的。在化学上,我们就将这正负两极点称为偶极子,两极的电量乘以两极的距离表示极性的大小,方向规定为由正电中心指向负电中心。	理解分析	培养学生理解定义,从定义中提炼重点的能力。
		【设问】结合这个定量分析工具,判断极性键与非极性键的偶极矩是否等于0。	思考回答	培养学生归纳能力
		【讲解】共价键构成的分子键的极性组成了分子的极性。偶极矩 $\mu = 0$ 的非极性键构成的分子偶极矩向量和一定等于0,分子不具有极性。那由偶极矩 $\mu \neq 0$ 的极性键构成的分子是否有极性呢?	结合课本思考	承上启下

(二)模块二 认识分子的极性

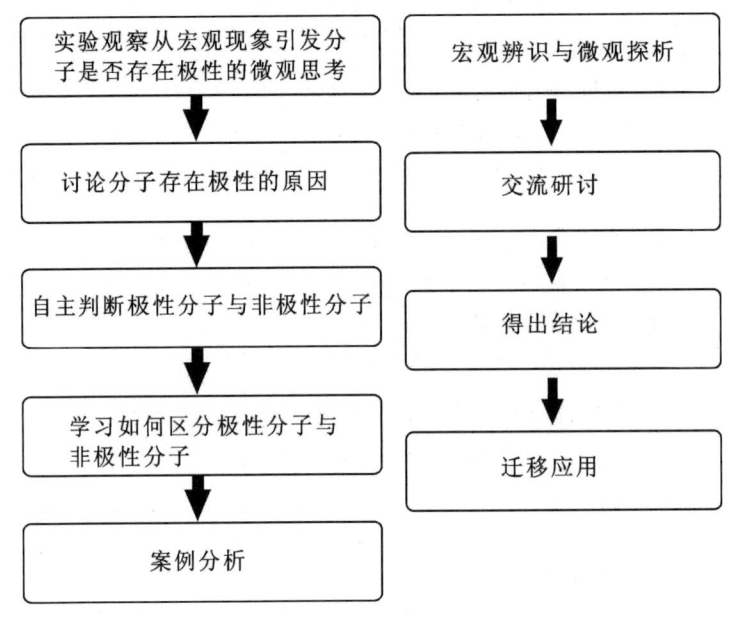

图 2-8

【学习任务1】宏观辨识分子是否存在极性。

【评价任务1】通过实验认识分子的极性。

教学环节	教学内容	教学活动		设计理念
		教师活动	学生活动	
认识分子的极性	宏观辨识分子是否存在极性	【实验】在2支酸式滴定管中,分别装有30mL蒸馏水和CCl_4,在滴定管下方各放一个大烧杯。首先打开活塞,让水缓慢流下如线状。把摩擦带电的塑料笔壳接近水流,观察水流的方向有无变化;再用CCl_4重复上述实验,观察流向有无变化。	观察并记录,思考宏观现象与微观分子极性的关系,得出结论,进行汇报。	宏观辨识
		【讲解与设问】都由极性键构成,为什么水分子有极性,而CCl_4分子却没有,请结合其微观分子结构分析一下。	分析思考	让学生学会对比学习

【学习任务2】微观探析分子存在极性的原因。

【评价任务2】理解概念与探究方法。

第二章 分子结构教学案例研究

教学环节	教学内容	教学活动		设计理念
		教师活动	学生活动	
认识分子的极性	微观探析分子存在极性的原因	【引导与交流】	从微观角度讨论极性存在的原因	微观探析
		【总结】极性分子是正电中心和负电中心不重合的分子。非极性分子是正电中心和负电中心重合的分子。判断方法是看正电中心和负电中心是否重合、化学键的极性的向量和是否等于0。	思考内化	让学生分析得出结论,让学生具有成就感

【学习任务3】判断极性分子与非极性分子。

【评价任务3】自主探究判断方法。

教学环节	教学内容	教学活动		设计理念
		教师活动	学生活动	
认识分子的极性	判断极性分子与非极性分子	【引导与交流】	完成习题表格做出判断	微观探析

【学习任务4】讨论交流,自主总结。

【评价任务4】通过总结得出结论。

教学环节	教学内容	教学活动		设计理念
		教师活动	学生活动	
认识分子的极性	判断极性分子与非极性分子	【设问】(1)只含非极性键的分子一定是什么分子,例如? (2)含极性键的分子若空间结构对称(正负电荷中心是否重合,μ合是否等于0),则是什么分子?例如? (3)含极性键的分子若空间结构不对称(正负电荷中心是否重合,μ合是否等于0),则是什么分子?例如?	讨论交流畅所欲言	调动学生的学习积极性
		【讲解】O_3是AB_2型分子,空间结构类似于SO_2,中心氧原子采用sp^2杂化形成3个杂化轨道,2个分别与端氧形成共价键,1个放着1个孤电子对。了解到即使同种元素的原子,因其成键方式的不同,也可能形成极性键。所以O_3虽为单质,但实为由极性键构成的极性分子,与SO_2类似。高中研究的常见无机小分子仅有O_3一例。	理解定义学会判断	培养学生的理解、判断、领会能力

【学习任务5】抽提分析模型。
【评价任务5】通过具体案例得出结论。

教学环节	教学内容	教学活动		设计理念
		教师活动	学生活动	
认识分子的极性	抽提分析模型	【设问】(1)单质分子除了 O_3 外其他常见的单质分子都是非极性分子，多原子复杂分子若端位原子不同，一般都是极性分子，如 CH_3Cl、$COCl_2$ 等。若端位原子相同的 AB_n 型分子呢？ (2)孤电子对可以用什么方法确定？ (3)我们知道不同元素形成的共用电子对，一定有偏移，而这种偏移是无法掩盖的！它必定以元素的某种性质体现出来。是什么性质？	思考得出结论	培养学生分析归纳能力
		【讲解】例如 NH_3 中心原子 N 的价层电子数为 5，但化合价绝对值却为 3，所以为极性分子；PCl_5 中心原子 P 的价层电子数为 5，化合价绝对值也为 5，所以为非极性分子；同理 H_2O、SF_6 都可以快速判断出分别为极性分子和非极性分子，等等。	理解	
		【过渡】结构决定性质，分子的极性对分子性质最常见的影响就是相似相溶，极性溶质易溶于极性溶剂，例如 NH_3 易溶于水；非极性溶质易溶于非极性溶剂，例如 Br_2、I_2 易溶于 CCl_4。无机小分子比较简单，要么有极性，要么没有极性。但当分子变大之后，比如生活中常常遇到的各种有机分子，长长的分子就可能出现一端有极性，一端没有极性或极性很小。根据相似相溶原理，极性的一端易溶于水，当把这样的有机分子放入水中时，极性端朝向水，非极性端朝向空气，排列成整齐的单分子层，降低了水的表面张力，像这样的有机分子我们称为表面活性剂。加入表面活性剂的水如果搅动，极性端将绷在水上，非极性端朝向空气而形成气泡。如果非极性端遇到的不是空气而是难溶于水的油污，非极性端因为相似相溶将插入油污，通过搓洗而变成一个个被非极性端包裹的小油污，因为包裹朝外的极性端溶于水而达到去污的效果。像生活中的洗涤剂、洗手液、洗发水都是典型的表面活性剂。	尝试理解应用	

(三)模块三 迁移应用

教学环节	教学内容	教学活动		设计理念
		教师活动	学生活动	
迁移应用	回归情境问题	【设问】现在你是否能揭开牙签直直向前游走的奥秘了?	学生通过课堂所学得出答案	培养学生解决问题能力
		【总结】像这样的有机分子的性质有着重要的生物学意义,因为人体细胞和细胞器的膜就是由大量的两性分子组成的"双分子膜",极性端和非极性端的排列决定着细胞的通透性,影响着人体的消化吸收与生命健康。	尝试理解应用	培养学生归纳总结能力

【案例评析】

化学键的极性与分子的极性是共价键学习内容的延伸,也是解释物质性质的重要基础。本案例从牙签小实验引入,激发学生学习兴趣,通过实验感知分子是否存在极性,思考宏观现象与微观分子极性之间的联系,接着自主总结抽提分子极性的分析模型,最后以分子的极性在生活中的应用结尾。

整个教学过程有以下特色:

(1)基于生活化实验激发学生学习兴趣

以真实生活实验情境"自动向前游走的牙签"引发学生思考,引入本节课内容的教学。在认识化学键的极性与分子极性后,以解决"为什么牙签能在水中自由的游走"的问题巩固概念,回归到化学在生活中的应用,使学生认识到洗衣液、洗发水等物质均与极性有联系,激发学生探究兴趣,深化化学在生活中的应用价值。

(2)凸显微观性质与宏观变化之间的联系

以"自动向前游走的牙签"实验现象入手,切入化学键极性、分子极性的教学,而后运用分子极性解释"牙签能在水中自由的游走"的现象。通过"H2O 与 CCl4 感知分子极性"的实验,从带电荷玻璃棒影响水流向的宏观现象入手,分析分子的极性并深入探究分子存在极性的原因。教学中多次引导学生以宏观现象入手,从微观结构角度分析原因,凸显微观性质与宏观变化之间的联系。

(3)通过定量化表达深化对极性的理解

创新性地引入了极性的定量表达——偶极矩,让教材描述中极性的向量和有了切实可依的物理量,运用数学中的向量计算规则、物理中的力的合成法则实现了学生对极性向量和的准确理解和掌握。

第三节 分子的空间结构教学案例研究

"价层电子对互斥模型"第1课时教学设计

教材链接:普通高中教科书《化学》选择性必修 2 物质结构与性质(人民教育出版社,2020 年)。

主要内容:价层电子对互斥模型。

【案例描述】

一、教学与评价目标

(一)教学目标

1. 通过猜想与探究,理解价层电子对互斥理论。
2. 通过气球模拟电子云的探究活动,理解不同价层电子对的分子对应特定的空间结构。
3. 通过运用价层电子对互斥理论,预测 ABn 型分子的空间构型。

(二)评价目标

1. 通过对学生探究价层电子对在空间分布、价层电子对数活动的测评,诊断学生对价层电子对互斥理论的理解水平,发展学生的科学探究与创新意识素养。

2. 通过对学生运用气球模拟电子云活动的测评,诊断学生对不同价层电子对的分子对应空间结构的理解水平,发展学生的模型认知素养。

3. 通过对学生预测陌生 ABn 型分子空间结构能力的测评,诊断学生对价层电子对理论的运用水平,发展学生的证据推理与模型认知素养。

二、教学与评价思路

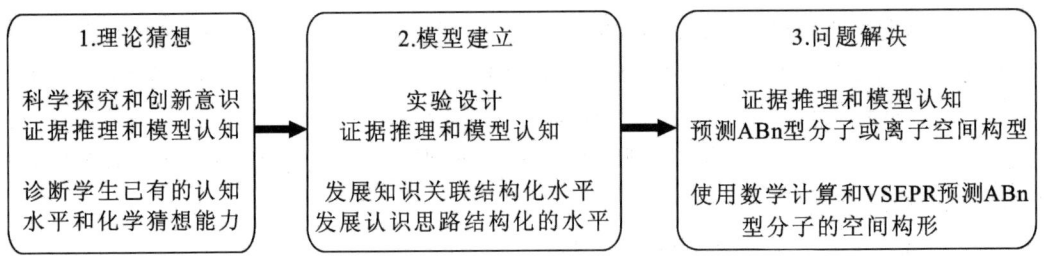

图 2-9 教学与评价思路图

三、教学流程

(一)理论猜想

【学习任务1】理解价层电子对互斥理论。

【评价任务1】通过猜想价层电子对互斥理论内容,检测学生已有知识基础和猜想能力。

第二章 分子结构教学案例研究

教学环节	教学内容	教学活动		设计理念
		教师活动	学生活动	
理论导入	引导思考分析，探究价层电子对互斥理论。	教师引导学生根据"价层电子对互斥理论"名称，让学生大胆猜想该理论的内容。接着，提出本节课的两个核心问题："价层电子对在空间如何分布"和"怎样计算价层电子对数"，让学生去探究。	学生在教师的引导下，从"价层电子对互斥理论"的名称角度猜想理论内容：①与原子的价电子层关系密切。②带负电的电子互相排斥。学生思考教师提出的两个核心问题。	让学生站在已有的知识基础上大胆猜想价层电子对互斥理论的内容。

(二)模型建立

【学习任务2】通过气球模拟的电子云探究活动,理解记忆价层电子对不同时,分子的空间结构。

【评价任务2】通过使用气球模拟电子云,检测学生的实践操作和模型认知能力。

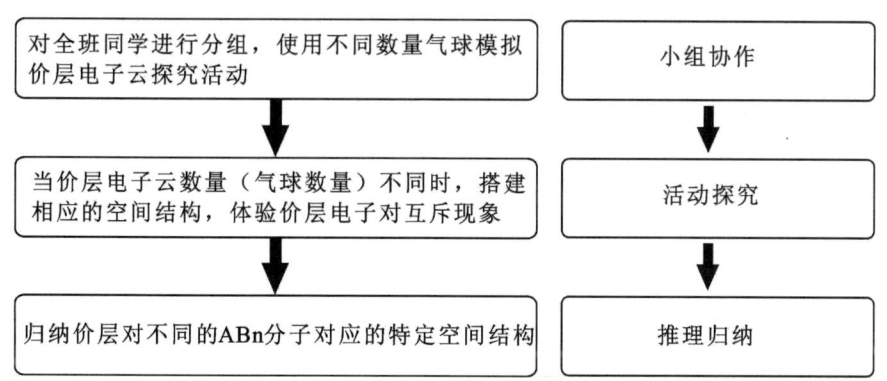

图2-10 学习任务2教学流程图

教学环节	教学活动		设计理念
	教师活动	学生活动	
理论讲解	【引导】在AB_n型分子中,A原子周围的价层电子对在空间如何分布,才能使得该分子的能量最低从而稳定地存在呢？【实验】教师发给每组学生10个大小相同的气球和一些橡皮筋,让学生用橡皮筋把数目不等的气球系在一起,观察2个、3个、4个气球系在一起自发呈现的	学生熟悉探究活动的规则,使用气球代替价层电子云。学生进行探究活动,有的学生能够根据要求,类比得出A原子周围	让学生在做中学,对AB_n型分子的空间结构有一个较为清晰和直观的理

教学环节	教学活动		设计理念
	教师活动	学生活动	
理论讲解	形状。指导各组同学将手中的气球按照探究活动的要求进行操作。 【归纳】归纳出当价层电子数为2个、3个、4个时,ABn型分子或离子的空间结构:直线形、三角形、正四面体。	的电子对分别是2对、3对、4对时,在空间分布为直线、平面正三角形、正四面体形状。	解,化无形为有形。

(三)问题解决

【学习任务3】通过学习价层电子对互斥理论,预测ABn型分子的空间构型。

【评价任务3】通过预测陌生情境下ABn型分子的空间结构,诊断学生对价层电子对互斥理论的掌握情况。

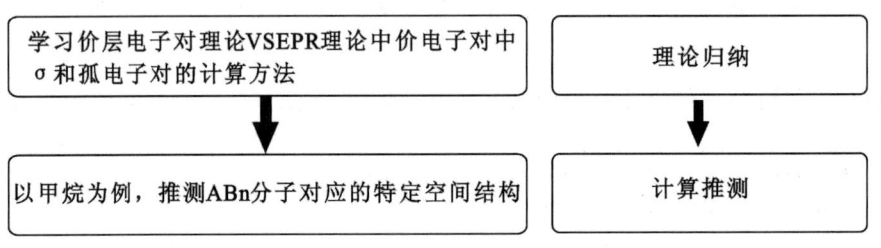

图2-11 学习任务3教学流程图

教学环节	教学内容	教学活动		设计理念
		教师活动	学生活动	
使用VSEPR理论推测陌生情况下ABn型分子或离子的空间结构	1.计算价层电子对数(σ和孤电子对)。 2.推测陌生ABn型分子或离子的空间结构。	【引导】以CH_4为例,教师提出一系列问题(制成问题串):"价层电子对与哪些原子的价电子层有关?""写出CH_4的电子式。""形成共价键时,C、H原子分别提供了几个电子?""计算中心原子C周围的价层电子对数。""这4对价层电子在空间如何分布,才能使得该分子稳定存在呢?""中心原子C上的价电子是否都用来形成共价键了呢?" 【讲解】讲解VSEPR理论,价电子对中σ和孤电子对的计算方法,使用计算结果结合价层推测CH_4的空间结构。	同学们在理解基础上学习价电子对中σ和孤电子对的计算方法。然后让学生结合刚刚的价电子数对应空间结构,计算并预测甲烷的空间构型。	利用例题,通过教师逐步提问来不断地搭台阶,使学生能"够得着"。也让学生在连续的思考中探究得出该理论要点,有助于记忆的保持。

(四)教学反馈

1.请使用VSEPR理论推理出二氧化氮、二氟化氙、碳酸根的空间结构。

2.请在坐标纸上画出二氧化氮、二氟化氙、碳酸根的空间结构。

3.查阅资料,了解其他可以推测分子空间结构的科学技术手段。

第二章 分子结构教学案例研究

【案例评析】

价层电子对互斥理论的引入使学生对分子结构的认识从"识记"层次发展到"理解——预测"层次,也是轨道杂化理论、分子极性判定的理论基础。本案例首先让学生依据"价层电子对互斥理论"名称猜想该理论的内容,而后提出本节课的两个核心问题"怎样计算价层电子对数"和"价层电子对在空间如何分布";接着通过模拟气球在空间的排布情况类比具有不同价层电子对的分子结构,探究价层电子对在空间的分布规律,以甲烷分子为例带领学生探究价层电子对数的计算方法,最后通过预测陌生 ABn 型分子的结构巩固所学。

整个教学过程有以下特色:

(1)设置驱动型问题促进知识生成建构

本节课中教师通过"价层电子对与哪些原子的价电子层有关?""形成共价键时,C、H 原子分别提供了几个电子?""计算中心原子 C 周围的价层电子对数。""这 4 对价层电子在空间如何分布,才能使得该分子稳定存在呢?""中心原子 C 上的价电子是否都用来形成共价键了呢?"等驱动型问题,使学生思维处于活跃状态,引导学生学思结合,培养学生分析推理和解决问题的能力,获得问题解决的一般思路和方法,实现知识的连续建构与学习的有效迁移。

(2)基于类比方法建构分子空间结构模型

教师通过类比教学活动开展分子构型的教学,以"气球模型类比分布的电子云"、以"气球空间互斥"类比"价层电子对电性互斥,学生利用模型(气球模型)进行模型认知,通过类比实践探究得出价层电子对互斥理论的要点,提升学习兴趣与自我效能感。

"杂化轨道理论"第1课时教学设计

教材链接:普通高中教科书《化学》选择性必修 2 物质结构与性质(人民教育出版社,2020 年)。

主要内容:杂化轨道理论。

【案例描述】

一、教学与评价目标

(一)教学目标

1.通过 AR 技术展示 sp^3、sp^2、sp 杂化轨道的形成过程,掌握杂化轨道理论,并可以从微观角度解释典型分子的空间结构。

2.通过温度传感器和气压传感器进行数字化实验探究甲烷取代反应,证明取代反应的发生。

(二)评价目标

1.学习杂化轨道理论并且学会解释分子空间结构,培养并发展学生的宏观辨识与微观探析、证据推理与模型认知的化学学科核心素养。

2.用数字化传感器进行数字化实验探究可以培养学生科学探究与创新意识的化学学科核心素养。

【教学重点】

sp^3、sp^2、sp 杂化轨道的形成过程。

【案例难点】

用杂化轨道理论解释分子构型及物质性质。

二、教学与评价思路

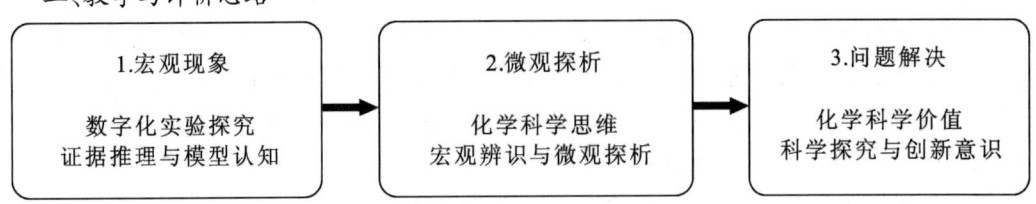

图 2-12 教学与评价思路

三、教学流程

(一)杂化轨道理论内容的建立

【学习任务1】杂化轨道理论。

【评价任务1】诊断并发展学生微观认知意识(宏观辨识与微观探析)。

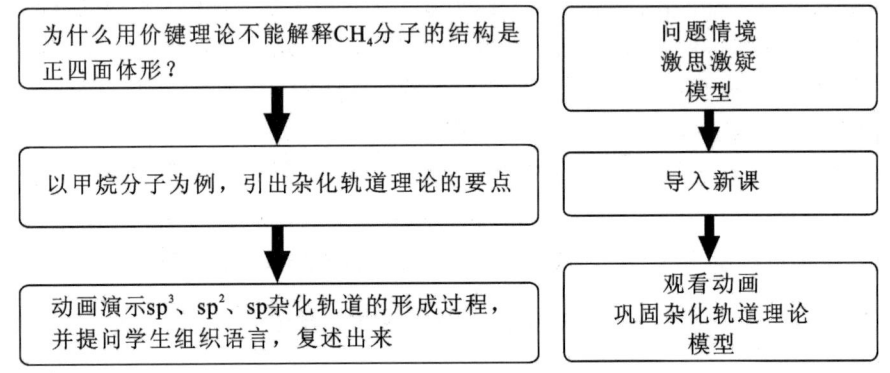

图 2-13 学习任务1教学流程图

教学内容	教学活动		设计理念
	教师活动	学生活动	
杂化轨道理论内容的建立	【讲解】碳原子最外层未成对电子是2个,但甲烷分子中碳原子却形成了四个共用电子对;碳原子最外层四个电子能量不相同,但是甲烷分子中碳原子形成四个能量相同的C—H键。这是由于碳原子的原子轨道发生了某种变化,即原子轨道的杂化。	引发认知冲突,学生思考。	温故知新,激发学习兴趣
	【板书】以甲烷为例,杂化轨道理论的要点:当碳原子与4个氢原子形成甲烷分子时,碳原子的2s轨道和3个2p轨道会发生混杂,混杂时保持轨道总数不变,却得到4个新的能量相同、方向不同的轨道,各指向正四面体的4个顶角,夹角109°28′,称为sp^3杂化轨道,表示这4个轨道是由1个s轨道和3个p轨道杂化形成的。当碳原子跟4个氢原子结合时,碳原子以4个sp^3杂化轨道分别与4个氢原子的1s轨道重叠,形成4个C—Hσ键,因此呈正四面体形的空间结构。	记忆理解	微观探析提出要点

续表

教学内容	教学活动		设计理念
	教师活动	学生活动	
杂化轨道理论内容的建立	【动画演示】sp^3杂化轨道的形成过程以及sp^2、sp杂化轨道的形成过程。 【提问】在这个动画演示中观察了sp、sp^2、sp^3杂化轨道的形成过程,请用自己的语言复述一下它们的形成过程。	学生分组分析讨论代表回答	培养证据推理与模型认知的素养

(二) 甲烷取代反应的数字化实验探究

【学习任务2】甲烷取代反应的过程。

【评价任务2】诊断并发展学生探究创新意识(科学探究与创新意识)。

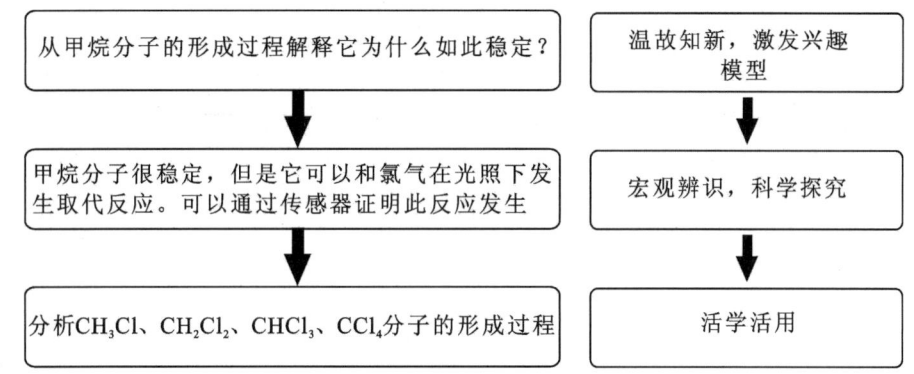

图2-14 学习任务2教学流程图

教学内容	教学活动		设计意图
	教师活动	学生活动	
甲烷取代反应的数字化实验	【复习】从甲烷分子的形成过程解释它为什么如此稳定? 在学生回答、板书后,给予纠正、补充。 【引入】甲烷分子可以发生什么反应?	学生思考自己书写板书作答	温故知新激发学习兴趣
	【讲解】甲烷不会与强酸强碱反应、不会使酸性高锰酸钾溶液褪色等,但是它可以在光照下和氯气发生什么反应? 取代反应传统实验现象不是非常明显且所需时间较长,可以用传感器进行数字化实验探究。		

续表

教学内容	教学活动		设计意图
	教师活动	学生活动	
甲烷取代反应的数字化实验	【展示】用气压传感器和温度传感器同时测量反应过程中压强和温度的变化,得到两条不同的曲线,让学生分析图像变化。 【讲解】从宏观上讲甲烷的取代反应无明显现象,但是通过气压和温度传感器我们证明甲烷发生取代反应。 【板书】甲烷的取代反应:在光照下,甲烷与氯气发生如下的取代反应: $$CH_4 + Cl_2 \longrightarrow CH_3Cl + HCl$$ $$CH_3Cl + Cl_2 \longrightarrow CH_2Cl_2 + HCl$$ $$CH_2Cl_2 + Cl_2 \longrightarrow CHCl_3 + HCl$$ $$CHCl_3 + Cl_2 \longrightarrow CCl_4 + HCl$$ 【讲解】我们知道甲烷分子的形成过程,那么根据刚刚以上反应,CH_3Cl、CH_2Cl_2、$CHCl_3$、CCl_4 的分子形成过程是怎么样的?	观察,分析,思考回答:甲烷在光照下可以和氯气发生取代反应。 思考回答	创设情境激发学生疑问、引导学生思考;数字化实验探究,激发学生的学习探究兴趣。 培养学生证据推理与模型认知的化学学科核心素养,激发学习兴趣培养学生归纳能力。

【案例评析】

杂化轨道理论能够对分子中具体的成键原理进行微观解释,进而得到键角的数值和分子的构型,解释简单分子和离子空间结构。在杂化轨道理论教学中,教师需要将抽象的教学内容具象化,帮助学生理解复杂抽象的杂化轨道,并学会用杂化轨道理论解释分子构型。本案例运用 AR 技术展示甲烷的球棍模型和比例模型,由甲烷的结构引入杂化轨道理论内容的教学,通过动画模型和实物模型(气球模拟)多种教学手段来模拟杂化轨道的形成过程和构型,让学生更加直观地感受到杂化轨道,通过数字化实验探究甲烷的取代反应深化学生对 sp3 杂化轨道参与成键的理解。授课结束后,运用习题智能推送技术,根据学生的错题情况发送针对性的习题,体现了因材施教。

整个教学过程有以下特色：

（1）微观结构可视化

用 AR 技术直观展示甲烷、乙烯和乙炔分子的球棍模型和比例模型，同时展示 sp^3、sp^2、sp 杂化轨道的形成过程，学生可以更直观感受杂化轨道的形成过程，理解更加充分。

（2）证据推理数字化

甲烷分子中碳原子发生 sp^3 杂化，性质稳定，但是可以与氯气在光照下发生取代反应。这个实验用传统实验手段很难进行，所以采用数字化实验手段，用温度传感器和气压传感器证明取代反应的发生。

（3）教学决策数据化

根据学生在云平台的作业完成情况，选择学生错误率最高的两道习题针对性进行讲解，并且在课堂教学的随堂练习也可以用数据分析的方法直观看到学生的答题情况。

参考文献

[1] 杨涛,王兴田. 化学学科核心素养在物质结构教学中落实案例：以"杂化轨道理论"为例[J]. 化学教与学,2020(4):42-44.

[2] 朱爱华. 运用探究式教学理论实施《物质结构与性质》模块的教学实践与思考[J]. 化学教与学,2012(12):56-57.

[3] 郑军. 宏观与微观结合的化学教学实践：以"认识化学键的极性和分子的极性为例"[J]. 化学教育,2020,42(24):22-27.

第三章　化学反应原理教学案例研究

第一节　氧化还原反应教学案例研究

"氧化还原反应"第1课时教学设计

教材链接:普通高中教科书《化学》必修第一册(人民教育出版社,2019年)。

主要内容:氧化还原反应的特征及其本质;氧化还原反应的判断方法;氧化还原反应原理的应用。

【案例描述】

一、教学评价目标

(一)教学目标

1. 通过探究日常生活中存在的一些宏观化学反应现象,从元素化合价变化的视角认识化学反应。

2. 通过讨论和实验探究氧化还原反应的本质,建立氧化还原反应的认识模型。

3. 通过具体的生活、生产实例感受氧化还原反应的存在,应用氧化还原反应解决本质问题,增强社会责任感。

(二)评价目标

1. 通过对日常生活中存在的一些化学反应现象的分析、提炼、归纳、总结,最终能够用正确的化学语言来表达,诊断并发展学生对化学反应的认知水平(定性)。

2. 通过对一些氧化还原反应的判断和分析,诊断并发展学生对氧化还原反应的认识进阶和认识思路的新视角、新内涵。

3. 通过播放金属腐蚀的视频,让学生利用氧化还原反应原理设计实验方案并解决实际问题,充分做到学以致用,诊断并发展学生对化学学科价值和社会价值的认识水平。

【教学重点】用化合价升降和电子转移的观点理解氧化还原反应的本质。

【教学难点】理解氧化还原反应的本质。

二、教学与评价思路

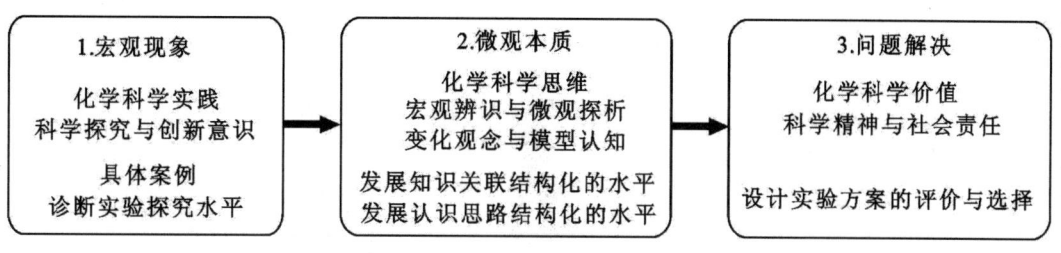

图 3－1　教学与评价思路示意图

三、教学流程

（一）宏观现象

【学习任务1】依据所展示图片,能够正确书写生活中常见的氧化还原反应方程式,并从元素化合价升降的视角认识化学反应。

【评价任务1】诊断并发展学生对化学反应的认识水平。

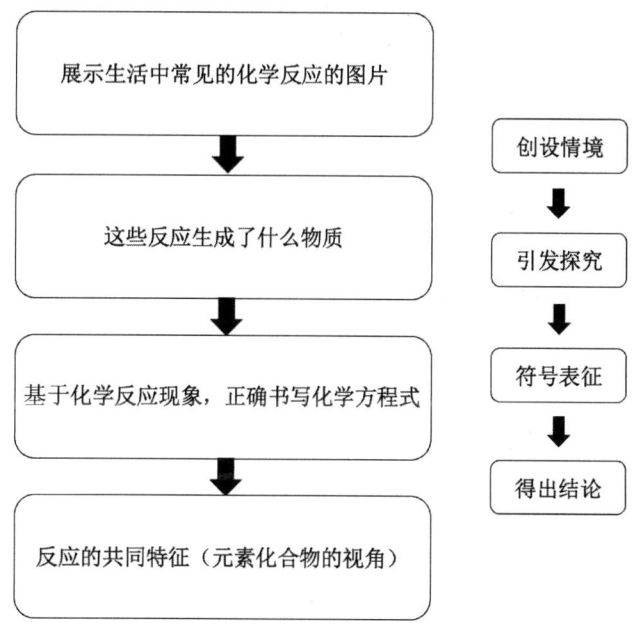

图 3－2　学习任务1教学流程

教学环节	问题设计	教师活动	学生活动
新课引入	依据所展示的化学反应图片,分析每个反应中反应物、生成物分别是什么?正确书写这些反应的化学方程式。	铁与硫酸铜溶液的反应　H_2在Cl_2中燃烧 【思考】书写化学方程式。 $CuO + H_2 \xrightarrow{\Delta} Cu + H_2O$ $H_2 + Cl_2 = 2HCl$ $2H_2 + O_2 = 2H_2O$ $Fe + CuSO_4 = FeSO_4 + Cu$ 【思考】从化合价角度认识化学反应。	独立思考,回忆所学元素化合价知识。讨论这些反应共同点。
从化合价角度认识氧化还原反应	什么是氧化反应和还原反应?	【分组讨论】从化合价角度分析。 $CuO + H_2 \xrightarrow{\Delta} Cu + H_2O$ $2H_2 + O_2 \xrlongequal{} 2H_2O$	标化合价,思考氧化还原反应与化合价的关系。 思考、交流,逐步建立氧化还原反应概念。
	如何判断是不是氧化还原反应?	【练习与思考】 $H_2 + Cl_2 \xrightarrow{点燃} 2HCl$ $NaOH + HCl = NaCl + H_2O$ $2KClO_3 \xrightarrow{\Delta} 2KCl + 3O_2\uparrow$ $Fe_2O_3 + 3CO \xrightarrow[高温]{MnO_2} 2Fe + 3CO_2$ $Fe + CuSO_4 = FeSO_4 + Cu$	练习、思考、交流。

(二)微观本质

【学习任务2】揭示氧化还原反应的本质(微观视角)。

【评价任务2】诊断并发展学生对氧化还原反应的认识水平。

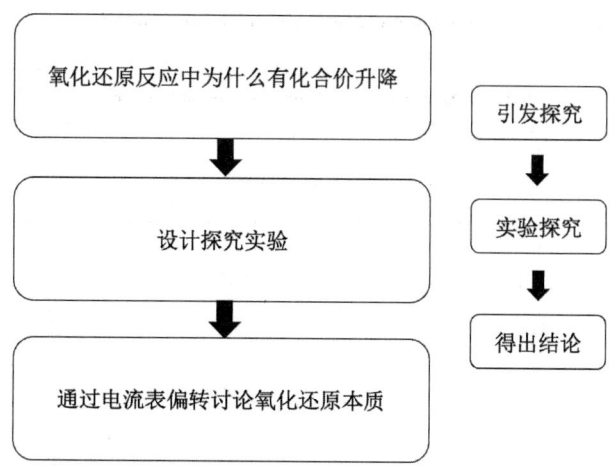

图3-3 学习任务2教学流程

教学环节	问题设计	教师活动	学生活动
从电子转移认识氧化还原反应	物质变化时,化合价为什么变化?(实验探究)	【实验探究】 （装置图：干电池连接电流表，铜、锌电极插入稀硫酸中，导线连接电流表A） 1. 干电池连接电流表,观察电池正负极与电流表指针变化。 2. 连接原电池,观察现象。	观察、思考

(三)符号表征

【学习任务3】以钠在氯气中燃烧生成氯化钠和氢气,在氯气中燃烧生成氯化氢为例,建立氧化还原反应的本质认识模型(微观视角)。

【评价任务3】诊断并发展学生对氧化还原反应的认识进阶(元素水平、微观水平)。

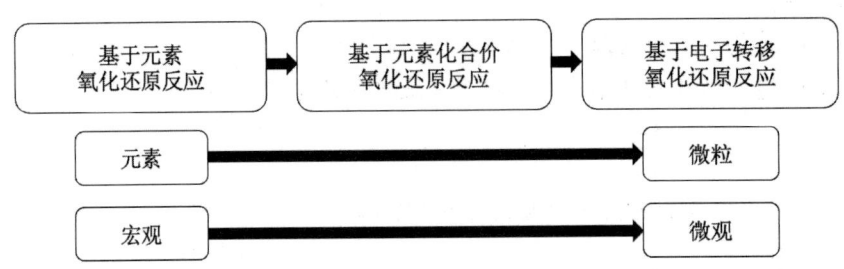

图 3-4 学习任务 3 教学流程

教学环节	问题设计	教师活动	学生活动
从电子转移认识氧化还原反应	化合价为什么变化?	【微观分析】（NaCl、HCl 微观示意图）	观察思考 以 NaCl、HCl 为例，从微观的角度分析。
整理氧化还原反应概念	什么是氧化反应和还原反应?	反应类型：氧化反应(被氧化) / 还原反应(被还原)；化合价变化：升高 / 降低；电子转移：失电子(电子对偏离) / 得电子(电子对偏向)。氧化还原反应：有化合价升降的反应——有电子转移的反应。	

(四)解决问题,学以致用

【学习任务4】通过氧化还原反应的原理解决一些日常生活问题。

【评价任务4】诊断并发展学生对化学价值的认识水平(学科价值和社会价值)。

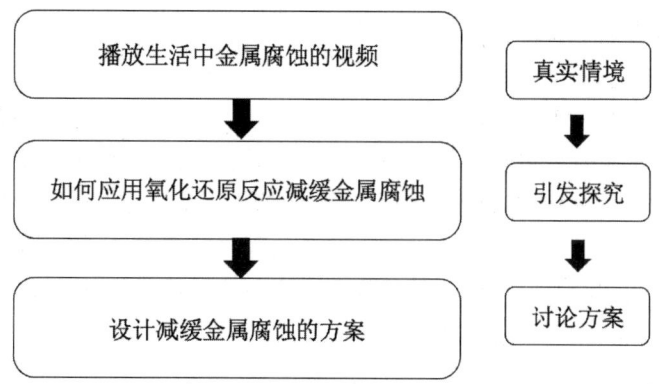

图3-5 学习任务4教学流程

教学环节	问题设计	教师活动	学生活动
应用氧化还原反应原理解决实际问题	利用所播放金属腐蚀的视频,设置问题如何减缓金属的腐蚀?	【思考】 金属腐蚀本质(失去电子被氧化 $M-ne^-=M^{n+}$)。 若要从本质上减缓金属腐蚀,则需要防止金属失去电子。 金属腐蚀分为化学腐蚀和电化学腐蚀。 化学腐蚀原理:金属与其他物质直接接触发生氧化还原反应而引起的腐蚀。 电化学腐蚀原理:不纯金属或合金发生原电池反应,使得较活泼的金属失去电子被氧化而引起的腐蚀。 【评价分析】 请同学们从防止化学腐蚀和电化学腐蚀的角度分别设计实验方案,优化学生实验方案并确定可行的实验方案(从绿色化学角度评价)。	分组讨论并设计实验方案。

【案例评析】

氧化还原反应是高中化学核心概念之一,是系统学习元素及其化合物性质与用途的基础,也为电化学等知识奠定基础。本案例使用讲解与问题探究相结合的教学方法,引导学生思考、讨论、归纳,建构氧化还原反应的认识模型。教师总共设置了4个学习任务:1、通过让学生观察、分析生活中常见的化学反应,引导学生基于化学方程式标注元素化合价,从化合价角度认识化学反应,初步建立氧化还原反应概念,实现初中氧化反应、还原反应向高中氧化还原反应概念转变;2、基于铜锌原电池探究实验,将微观的电子转移宏观化,引领学生探幽入微,培养学生基于实证的推理能力,完善学生的氧化还原反应认识模型。3、以动画方式展示生成氯化钠和氯化氢时的电子转移过程,由具体到一般,由实证到概念,完成从"得氧失氧""化合价升降"到"电子转移"的进阶学习。4、通过解决金属腐蚀问题,旨在让学生从STSE视角强化氧化还原反应知识的社会价值,凸显化学学科的社会价值,增强学生的社会责任感。

整个教学过程有以下特色:

(1)问题层层推进,符合学生认知规律

从"什么是氧化反应和还原反应?"到"化合价为什么变化?",通过问题驱动,引导学生从宏观特征和微观本质联系氧化还原反应的概念体系,完成从"得氧失氧""化合价升降"到"电子转移"的进阶学习;通过"如何减缓金属的腐蚀?",深化氧化还原反应概念,启发学生结合氧化还原反应原理解决生活实际问题。整个过程自然流畅、一气呵成,启发学生的化学思维,符合学生学习认知的规律,能有效地提高学生对化学反应的理解水平。

(2)渗透"宏-微-符"三重表征

本案例从常见化学反应引入,基于核心元素化合价变化,从宏观角度建立氧化还原反应概念模型;借助电子转移实证实验及电子转移动画,帮助学生从宏观和微观角度建立氧化还原反应的本质认识模型;引入生活案例"金属腐蚀",引导学生设计解决方案,实现从宏观角度描述变化、微观角度理解变化到借助符号表征变化的递进性过程,培养学生宏观辨识与微观探析的化学学科核心素养。

(3)运用实验探究,提升学生证据推理能力

使用铜锌原电池作为探究实验,通过观察电流计的指针发生偏转进而帮助理解氧化还原反应中发生了电子的转移,引导学生从微粒视角观察电子的变化,培养学生基于实证的推理能力。虽然原电池知识学生没有接触到,但在本节课中用来解释电子转移却能达到更好的效果。

第二节 电解池教学案例研究

"电解池"第1课时教学设计

教材链接:普通高中教科书《化学》选择性必修1 化学反应原理(人民教育出版社,2019年)。

主要内容:电解概念;电解池的形成条件;电解原理及其应用。

【案例描述】

一、教学与评价目标

(一)教学目标

1.通过实验展示电解熔融氯化钠的过程,初步形成电解的概念,锻炼归纳演绎能力。

2.通过实验探究了解电解的基本原理、电解池形成的基本条件,用微粒观和变化观分析电解的一般规律,构建电化学的一般认知模型。

3.通过运用电解的模型分析具体问题,体验科学实验的乐趣。

(二)评价目标

1.通过展示电解熔融氯化钠的过程,诊断并发展学生对电解的认识及其理论探究水平(定性水平)。

2. 通过实验探究以及对电解规律的分析和解释,诊断并发展学生对化学电解基本原理的认识以及实验探究水平(定性水平、定量水平)。

3. 通过对电解氯化铜溶液方案的改进,诊断并发展学生对化学实验探索与创新的意识。

二、教学与评价思路

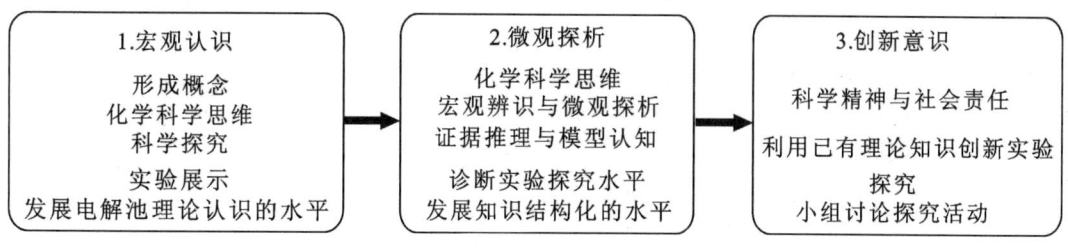

图 3-6 教学与评价思路

三、教学流程

(一)宏观认识,形成概念

【学习任务1】通过实验展示电解熔融氯化钠的过程,初步形成电解的概念。

【评价任务1】通过实验展示电解熔融氯化钠的过程,诊断并发展学生对电解的认识及其理论探究水平(定性水平)。

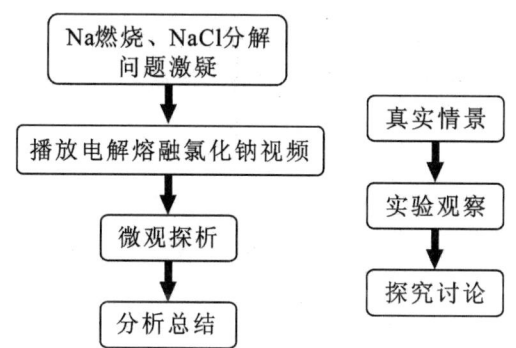

图 3-7 学习任务1教学流程图

教学环节	教学内容	教学活动		设计意图
		教师活动	学生活动	
宏观认识,形成概念	电解概念的建立	【问题1】已知:1 mol Na 在氯气中燃烧放出 411 kJ 的热量,试写出该反应的热化学方程式。	回答问题: $2Na(s) + Cl_2(g) \xrightarrow{\text{点燃}} 2NaCl(s)$ $\Delta H = -822.3 \text{ kJ/mol}$	创设情境 由热化学引入电化学。

续表

教学环节	教学内容	教学活动		设计意图
		教师活动	学生活动	
宏观认识，形成概念	电解概念的建立	在"原电池"一课的学习中,我们知道可以利用化学反应将化学能转化为电能,那我们是否又可以通过运用电能引发化学变化,得到我们想要的物质？ 现代工业生产通过电解熔融的氯化钠制备金属钠,请同学们观看电解熔融氯化钠的视频,分析金属钠的产生过程	思考	引发思考 激发学习兴趣。
		【展示】 电解熔融氯化钠(视频)	观察,记录实验现象。	化抽象为直观,有利于学生的理解。
		【分析】 分析电解熔融氯化钠得到金属钠和氯气的过程。	根据实验现象思考并参与分析。	让学生分析得出结论,体现学生的成就感,为下一知识的学习作好铺垫。
		【问题2】 什么是电解？	由以上实验分组讨论。	引发思考
		【分析】 电解:在直流电的作用下,电解质在两个电极上分别发生氧化反应和还原反应的过程。	总结分析	领悟新知

2. 微观探析

【学习任务2】通过实验探究使学生了解电解的基本原理、电解池形成的基本条件,用微粒观和变化观分析电解的一般规律。

【评价任务2】通过实验探究以及对电解规律的分析、解释,诊断并发展学生对化学电解基本原理的认识以及实验探究水平(定性水平、定量水平)。

第三章 化学反应原理教学案例研究

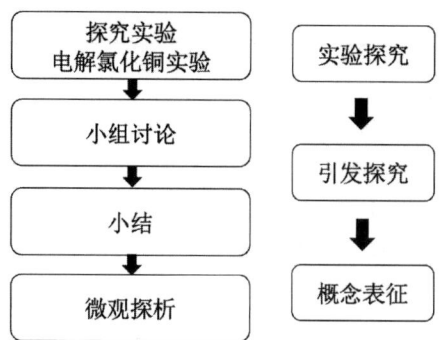

图 3-8 学习任务 2 教学流程图

教学环节	教学内容	教学活动		设计意图
		教师活动	学生活动	
实验演示	电解氯化铜溶液	【教师实验引导】 注意学生电源使用方法和安全,注意观察两个电极的现象。	【学生实验】 1. U形管注入氯化铜溶液。 2. 放入两片石墨电极,连接好电源,接通直流电。3. 观察记录相关现象。	调动学生的学习积极性和学习热情。
		【分析引导】 分析两极产物并采用正确的方法检验。	【学生讨论】 阳极现象:产生能使湿润淀粉碘化钾试纸变蓝的气体。 阴极现象:有亮红色固体物质产生。	让学生分析得出结论,体现学生的成就感,为下一知识的学习作好铺垫。
		【问题3】 两极产物可能是什么?尝试分析两极产生对应产物的原因。	【学生探究】 根据电解的物质为氯化铜溶液,猜测红色固体应该是铜,气体应该是氯气。	
		【问题4】 产生铜和氯气的电极分别和电源的哪一极相连?如何得失电子呢?	【学生探究】 阴极上阳离子得电子发生还原反应: $Cu^{2+} + 2e^- = Cu$ 阳极上阴离子失电子发生氧化反应: $2Cl^- - 2e^- = Cl_2\uparrow$	

续表

教学环节	教学内容	教学活动		设计意图
		教师活动	学生活动	
电解原理	1.概念的形成	【教师总结】电解池概念:电能转化为化学能的装置称为电解池。	参与总结	领悟新知
	2.离子移动（flash动画）	讲解离子移动原因。	积极思考	强化电解模型。
	3.电解规律	【总结】电极上进行的半反应叫作电极反应;阳极失电子发生氧化反应,阴极得电子发生还原反应。	参与总结	领悟新知
		【知识扩充】离子放电顺序。	倾听、思考	扩充知识体系。

(三)创新意识

【学习任务3】能够运用电解的规律模型分析解释实验现象。

【评价任务3】通过对电解氯化铜溶液方案的改进,诊断并发展学生对化学实验探索与创新水平。

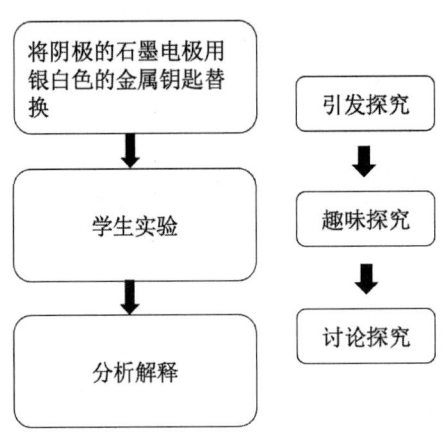

图3-9　学习任务3教学流程图

第三章 化学反应原理教学案例研究

教学环节	教学内容	教学活动		设计意图
		教师活动	学生活动	
知识应用	电解原理的应用	【提问】 把阴极石墨电极换成一把银白色的金属钥匙,结果会怎么样?	【趣味探究】 把阴极石墨电极换成一把银白色的金属钥匙。	诊断学生的认知水平。
		【引导】 观察到什么现象?	钥匙上镀了一层铜。	
		【引导】 这就是电镀工业的基本原理,我们将在下节课中继续学习。	思考	激发学生学习兴趣,为下节课埋好伏笔。

(四)教学反馈

1. 下列说法正确的是( )
① 电解是把电能转变成化学能
② 电解是把化学能转变成电能
③ 电解质溶液导电过程就是电解过程
④ 任何电解过程,必将导致氧化还原反应的发生
⑤ 电解、电离均需要通电才能实现
A. ①⑤　　　B. ①②③　　　C. ①③④　　　D. ①②③④⑤

2. 分析图3-10,属于电解池的有( )

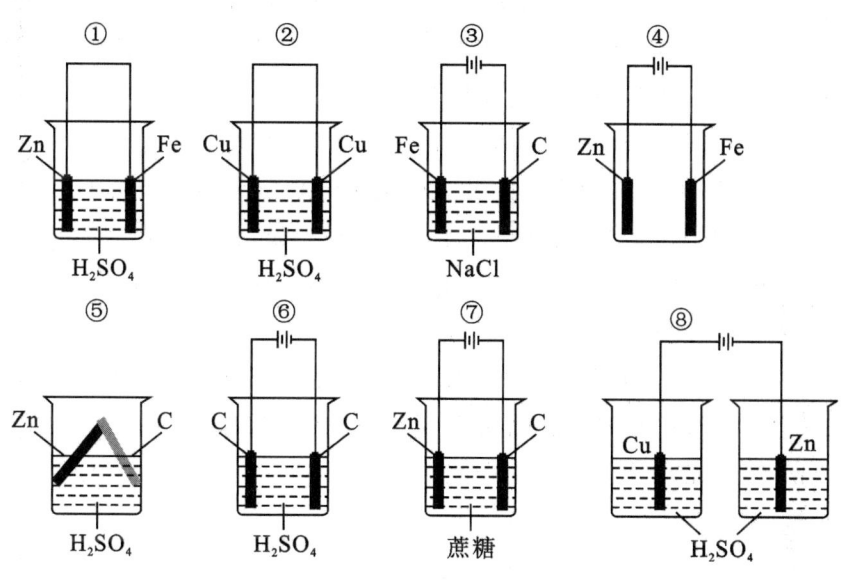

图 3-10

3. 某水溶液中含有等物质的量的 Cu^{2+}、Cl^-、H^+、SO_4^{2-},该溶液放在电解槽中,下列说法正确的是(   )。

A. 用石墨作电极时,首先在阴极放电的是 Cl^-

B. 用石墨作电极时,电解一段时间后 H^+ 有可能在阴极放电

C. 用铁作电极时,阳极反应式为 $2Cl^- - 2e^- = Cl_2\uparrow$

D. 用石墨作电极时,电解时 Cl^- 与 H^+ 首先放电

【案例评析】

该案例利用学生已有的知识基础与生活经验创设问题情境,让学生意识到人类可以利用化学反应得到热能和电能,通过问题"我们是否可以通过运用电能引发化学变化,得到我们想要的物质"引导学生思考设计实验探究问题。教师设置了3个学习任务:1、通过视频演示实验(电解熔融氯化钠),让学生观察和感受到在电能的作用下氯化钠发生了化学变化生成了氯气和单质钠,引导学生思考其微观本质和反应原理;2、在实验探究的过程中,引导学生利用"宏—微—符"三重表征形式分析电解的一般规律,建立电解池的科学模型;3、通过更换电极的方式改进电解氯化铜溶液的方案,加强学生对电解池理论的理解和强化电解池的理论模型,激发学生的创新意识。

整个教学过程有以下特色:

(1)精心设计科学实验探究活动,培养学生的科学探究能力

该案例首先从学生的认知基础——原电池出发,引发探究问题:如何运用电能引发的化学变化得到我们想要的物质,展示电解熔融氯化钠实验的视频,激发学生探究电解原理的热情;然后通过电解氯化铜溶液的探究实验,让学生利用自主、合作、探究等方式学习电解的基本原理和形成条件,培养学生的实验探究能力;最后通过对电解氯化铜溶液方案的改进,让学生了解电解原理的应用,培养学生的创新意识。

(2)充分发挥多媒体在化学教学中的作用,让学生感知微观世界

学生肉眼无法看见微观粒子的运动,本案例充分发挥多媒体的作用,通过观看氯化铜溶液电解过程的 flash 动画来了解离子的移动情况、物质的生成情况,把微观的内容宏观化,让学生更直观地理解电解原理,有利于学生宏观辨识与微观探析化学学科核心素养的形成。

(3)充分发挥学生的主体作用,培养学生的科学精神

教师在分析电解熔融氯化钠实验和探究电解氯化铜溶液实验的过程中起指导作用,让学生充分思考、想象、动手动脑探究电解池的工作原理和构成条件,关注学生在探究过程中的体验,最大限度地挖掘学生的潜能,让学生体会到实验探究的乐趣与价值。

第三章 化学反应原理教学案例研究

"电解池"第2课时教学设计

教材链接:普通高中教科书《化学》选择性必修1 化学反应原理(人民教育出版社,2019年)。

主要内容:电解原理在氯碱工业、电镀、电冶金等生活生产和科学研究领域的应用。

【案例描述】

一、教学与评价目标

(一)教学目标

1. 通过生活中电解原理应用的例子,建立基本的电解原理的认知模型。
2. 通过实验观察、分析和探究电解在氯碱工业、电镀、电冶金等方面的应用及其原理。
3. 通过运用电解原理分析电解应用中的具体问题,感受电解的实用价值,初步形成电解在日常生活和工业生产中具有重要性的意识,增强社会责任感。

(二)评价目标

1. 通过理解电解的原理及其应用实例,诊断并发展学生对电解原理应用的认识以及其理论探究水平(定性水平)。
2. 通过实验探究氯碱工业、电镀以及电冶金,诊断并发展学生对化学电解原理应用的认识以及实验探究水平(定性水平、定量水平)。
3. 通过对电解法在水质测量案例的分析,诊断并发展学生对化学价值的认识水平(学科价值视角)。

二、教学与评价思路

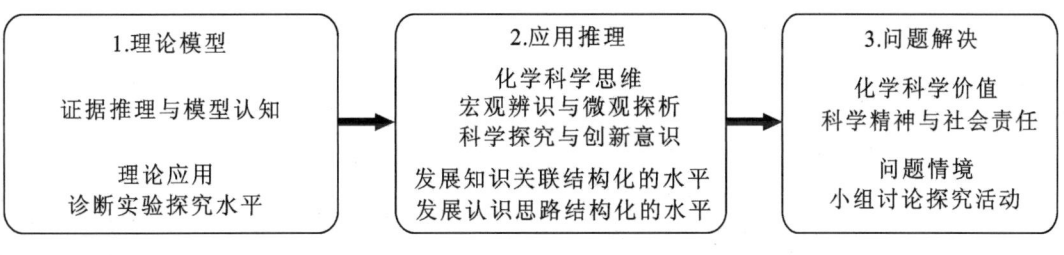

图 3-11 教学与评价思路

三、教学流程

(一)理论模型——电解原理

【学习任务1】展示电解在污水的净化中应用的情境,启发学生对电解原理应用的认知和思考,突出电解的重要应用。

【评价任务1】通过电解的原理的应用,诊断并发展学生对电解原理应用的认识以及其理论探究水平(定性水平)。

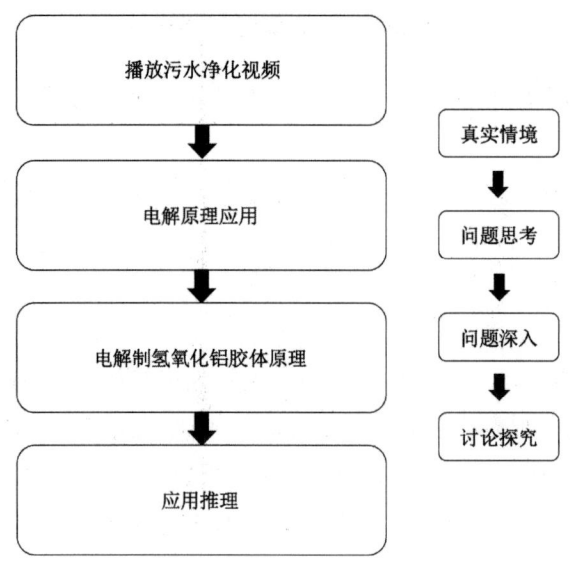

图 3-12 学习任务 1 教学流程图

教学环节	教学内容	教学活动		设计意图
		教师活动	学生活动	
导入新课	电解原理	【引入】污水的处理和电解有联系吗?播放污水净化视频。	学生观看视频,讨论并思考。	将学生的注意力和兴趣引到学习任务中去。
		【提问】我们知道氢氧化铝胶体可以净水,那么如何利用电解法制氢氧化铝从而达到净水的目的?	思考与讨论 回答:铝做阳极,石墨做阴极,电解污水。	学生应用电解原理知识推理,建立对电解原理应用的基本认知。

(二)应用推理——氯碱工业、电镀、电冶金

【学习任务2】通过实验探究使学生了解电解在氯碱工业、电镀、电冶金等方面的应用以及它们的原理。

【评价任务2】通过实验探究氯碱工业、电镀以及电冶金,诊断并发展学生对化学电解原理应用的认识以及实验探究水平(定性水平、定量水平)。

第三章 化学反应原理教学案例研究

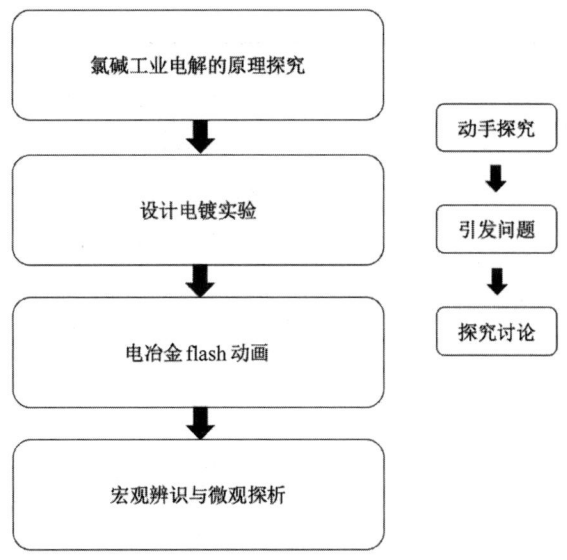

图 3-13 学习任务 2 教学流程图

教学环节	教学内容	教学活动		设计意图
		教师活动	学生活动	
应用推理	氯碱工业	【教师实验引导】 按照课件所示安装实验装置，电极材料为石墨，电解质溶液为饱和食盐水。	【学生实验】 1. U形管注入饱和食盐水溶液。2. 放入两石墨电极，连接好电源，接通直流电。3. 观察记录相关现象。	创设实验探究，培养学生动手探究能力。
		【分析引导】 分析两极产物并采用正确的方法检验。	【学生讨论】 阳极现象：产生能使湿润淀粉碘化钾试纸变蓝的气体。 阴极现象：有气体产生，收集后点燃，有淡蓝色火焰。	让学生分析得出结论，感受理论的实践应用。
		【问题】 两极产物可能是什么？尝试分析两极产生相应产物的原因。	【学生探究】 根据电解的物质为饱和食盐水，猜测燃烧成淡蓝色火焰的气体为氢气，使湿润淀粉碘化钾试纸变蓝的气体为氯气。	

续表

教学环节	教学内容	教学活动		设计意图
		教师活动	学生活动	
应用推理	氯碱工业	【问题】产生氢气和氯气的电极分别和电源的哪一极相连?如何得失电子的呢?	【学生探究】阴极上阳离子得电子发生还原反应:$2H^+ + 2e^- = H_2\uparrow$ 阳极上阴离子失电子发生氧化反应:$2Cl^- - 2e^- = Cl_2\uparrow$	让学生分析得出结论,培养学生从宏观到微观的辨析能力。
		【总结】阴极:由于$2H^+ + 2e^- = H_2\uparrow$,$H^+$不断被消耗,促进$H_2O \rightleftharpoons H^+ + OH^-$向右移动,破坏了水的电离平衡,$c(OH^-)$的浓度相对增大了,在阴极附近形成了氢氧化钠溶液。总电解方程式怎么写?	$2NaCl + 2H_2O \xrightarrow{\text{通电}} 2NaOH + H_2\uparrow + Cl_2\uparrow$	领悟新知
	电镀	【教师实验引导】应用电解原理,在金属表面镀一层金属或者合金的方法叫作电镀。请根据电解实验原理,设计一个给铁钉镀铜的实验方案。	【实验探究】根据已有的实验材料设计实验,填写P17实验方案表格。进行实验,记录实验现象。	为学生综合运用所学知识提供机会,培养学生实验探究能力和创新意识。
		【分析引导】两极分别发生什么反应?试分析其发生的原理。	阳极:$Cu - 2e^- = Cu^{2+}$ 阴极:$Cu^{2+} + 2e^- = Cu$	学生应用原理,自主分析。
		【讲述】这就是电镀的原理。镀层金属作为阳极,待镀金属制品作为阴极,含有镀层金属离子的电解质溶液作为电镀液。	聆听,尝试理解。	收获新知

续表

教学环节	教学内容	教学活动		设计意图
		教师活动	学生活动	
应用推理	电冶金	【展示】 工业上电解熔融氧化铝制取金属铝的方法(flash动画)。	注意观察,思考。	激发学生学习兴趣和认知的能力。
		【分析】 原理 阳极:$6O^{2-}-12e^{-}=3O_2\uparrow$ 阴极:$4Al^{3+}+12e^{-}=4Al$ 总反应 $2Al_2O_3 \xrightarrow{\text{通电}} 4Al+3O_2\uparrow$ 助熔剂:冰晶石(Na_3AlF_6 六氟合铝酸钠)阳极材料(碳)和熔融氧化铝需要定期补充。	根据已知原理共同分析工业制取铝的方法,尝试理解熔融状态电解的方法。	收获新知,培养学生宏观辨识和微观探析能力。

(三)探究实验设计(实践活动)

【学习任务3】能够运用电解原理分析日常生活中的具体问题。

【评价任务3】通过对电解法在纯净水和自来水的水质测量案例的分析,诊断并发展学生对化学价值的认识水平(学科价值视角)。

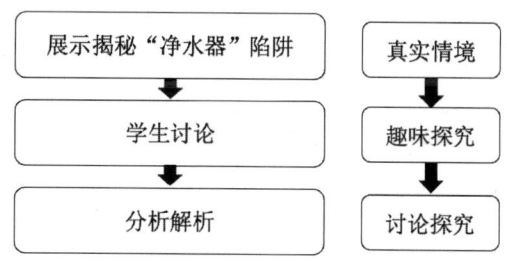

图3-14 学习任务3教学流程图

教学环节	教学内容	教学活动		设计意图
		教师活动	学生活动	
实践活动	电解原理的应用	【展示资料】市场上的净水器推销员为了贩卖净水器,用电解水器来误导消费者让其认为自来水很脏。即把电极放在纯净水中电解水没有变化,但放在自来水中,很快有灰绿色的浑浊出现。我们的自来水真的这么脏吗?(这里只讨论自来水)	小组讨论分析电解过程中电极的不同,顺便巩固利用新旧知识。	诊断学生的认知水平和体会电解原理应用价值,培养科学探究能力和社会责任感。
		【引导探究】让同学们自选电极来电解自来水。提供如下:自来水、学生电源、石墨电极、铁片、铜片 【点评知识】活泼金属做阳极优先放电。	【探究结果讨论】选用不同的电极电解水,会有不同现象。如有的同学用石墨作阳极,水没有变化,而用铁片、铜片作阳极,会发现有浑浊出现等。学生自行对此做出解释,形成正确的认识观。	诊断学生的认知水平和体会电解原理的应用价值,培养科学探究能力和社会责任感。

(四)教学反馈

1.【分析电解原理】以熔融氯化钠为例分析电解原理,完成电解熔融 NaCl 的电极反应和电解总反应(图3-15)。

阳极:_____

阴极:_____

总反应:_____

(1)电极反应:在电极上发生的_____叫作电极反应。

(2)电解的概念:使电流通过电解质溶液或熔融电解质而在阴阳两极引起氧化还原反应的过程叫作电解。

(3)电解池的概念:把电能转变为化学能的装置叫作电解池或电解槽。

(4)电解池的构成条件:_____

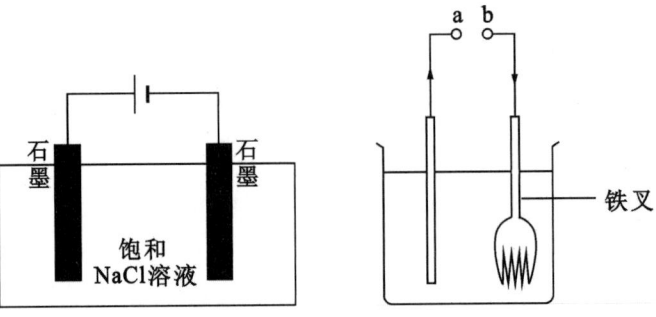

图3-15   图3-16

2.如图3-16,a、b 哪一极为正极?若要给铁叉镀锌,a 极选用什么材料?选择何种溶液?

【案例评析】

该案例的教学目标是让学生在掌握电解概念、电解池的形成条件以及电解的工作原理的基础上,通过学习工业生产实例,进一步体会电解工作原理在现代社会的实际应用,感受电化学在现代化文明中的重要作用,养成科学态度和社会责任的化学学科核心素养,也为金属的腐蚀与防腐的学习打下基础。教师设置了3个学习任务:1、氢氧化铝胶体是重要的污水处理吸附剂,让学生观看电解法制备氢氧化铝胶体的视频,讨论该过程电解的原理,让学生感受电解原理在工业中的应用价值;2、通过实验探究,让学生体验电解原理在氯碱工业、电镀和电冶金等方面的应用,培养学生的科学探究能力;3、通过实践活动,让学生利用电解原理分析、解决生活中的实际问题(揭示"净水器"的陷阱),体验化学学科价值,增强社会责任感。

整个教学过程有以下特色:

(1)突出实验探究和实验创新,培养学生科学探究和创新意识的化学学科核心素养

学生利用已有的电解原理知识,通过探究电解饱和食盐水的实验和自主设计给铁钉镀铜的实验方案,体验科学探究的过程,养成学会思考和动手设计的能力。在揭示"净水器"的陷阱这一教学环节,学生利用电解原理分析、解决生活中的具体问题,感受动手探究的乐趣,有利于创新意识的养成。

(2)利用现代多媒体教学使微观内容宏观化,培养学生宏观辨识与微观探析的化学学科核心素养

在探究电解原理在电冶金中的应用这一教学环节,学生通过 flash 动画,观察并分析利用电解熔融氧化铝制取金属铝这一实验过程中,离子的移动情况和物质的生成情况,从宏观的实验现象分析电解的微观本质,培养学生宏观辨识和微观探析的化学学科核心素养。

(3)注重分析和探究知识的应用,体现化学学科的学科价值和社会价值

学生通过分析和探究电解原理在氯碱工业、电镀、电冶金等工业生产中的应用,巩固电解原理的知识,再用电解原理的知识去分析、解决生活中的实际问题,让学生意识到电解原理的应用对现代社会的重要作用,从而增强学生学习化学的兴趣和社会责任感。

第三节 化学能转化为电能教学案例研究

"化学能转化为电能——电池"第1课时教学设计

教材链接:普通高中教科书《化学》选择性必修1 化学反应原理(山东科学技术出版社,2019年)。

主要内容:原电池的工作原理;原电池的构成条件;原电池的优化。

【案例描述】

一、教学与评价目标

(一)教学目标

1.通过实验探究巩固原电池的工作原理。

2.通过优化简单原电池的装置,掌握盐桥的作用及工作原理,建立原电池的认识模型。

(二)评价目标

1.通过对原电池工作原理的实验探究活动,诊断并发展学生实验操作的水平和知识结构化的水平(宏观认识、微观探析、模型认知)。

2.通过实验探究、优化简单的原电池,诊断并发展学生的科学探究能力(定性水平)和认识思路结构化水平(视角水平、内含水平)。

二、教学与评价思路

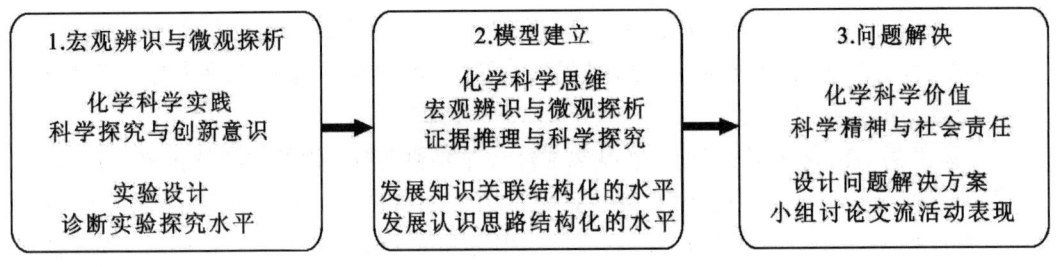

图3-17 教学与评价思路图

三、教学流程

(一)宏观辨识与微观探析

【学习任务1】原电池的工作原理。

【评价任务1】诊断并发展学生化学实验探究的水平、知识的结构化水平(宏观认识与微观探析、证据推理与模型认知)

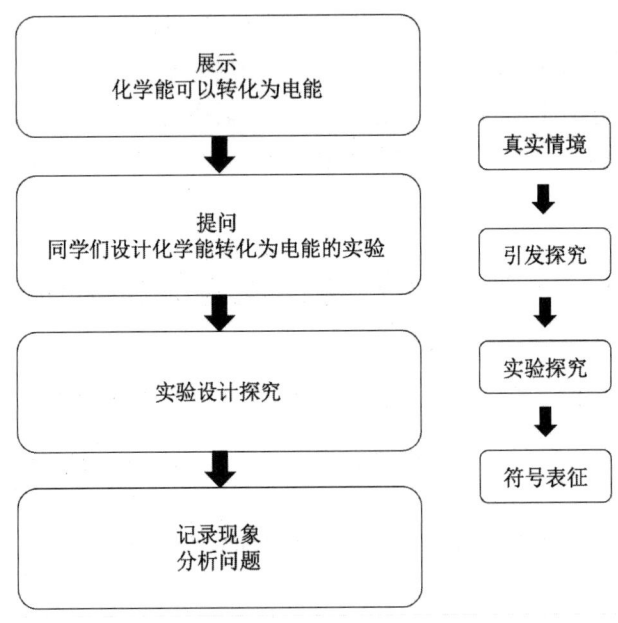

图3-18 学习任务1教学流程图

第三章 化学反应原理教学案例研究

教师活动	学生活动	设计意图
【引入】日常生活中使用的手提电脑、手机、相机、摄像机……这一切都依赖于电池的应用。那么,电池是怎样将化学能转变为电能的呢?下面我们通过实验回顾化学能是如何转化为电能的。 【板书】§1.3 化学能转化为电能——电池 一、原电池的工作原理 讲述:铜片、锌片、硫酸都是同学们很熟悉的物质,利用这三种物质我们再现了1799年意大利物理学家伏打留给我们的历史闪光点! 【实验探究】(铜锌原电池) 	实验步骤	现象
---	---
1. 锌片插入稀硫酸	
2. 铜片插入稀硫酸	
3. 锌片和铜片上端连接在一起插入稀硫酸	| 【问题探究】 1. 锌片和铜片分别插入稀硫酸中有什么现象发生? 2. 锌片和铜片用导线连接后插入稀硫酸中,现象又是怎样?为什么? 4. 锌片和铜片上发生变化的反应式怎样书写? 5. 电子流动的方向如何? 讲述:我们发现检流计指针偏转,说明产生了电流,这样的装置架起了化学能转化为电能的桥梁,这就是为我们生活提供电能的所有电池的开山鼻祖——原电池。	实验探究 记录现象 观察实验现象,思考以下五个问题。	情境设置,激发求知欲
【板书】(1)原电池概念:化学能转化为电能的装置叫作原电池。 【提问】为什么会产生电流呢? 【讲述】其实锌和稀硫酸反应是氧化还原反应,有电子的转移,但氧化剂和还原剂热运动相遇发生有效碰撞电子转移时,由于分子热运动无一定的方向,因此电子转移不会形成电流,通常以热能的形式表现出来,激烈的时候还伴随有光、声等其他的形式的能量。从理论上讲,一个能自发进行的氧化还原反应,若能设法使氧化与还原分开进行,让电子的不规则转移变成定向移动,便能形成电流。所以原电池的实质就是将氧化还原的电子转移变成电子的定向移动形成电流。 (2)实质:将一定的氧化还原反应的电子转移变成电子的定向移动,即将化学能转化成电能的形式释放。 问:那么这个过程是怎样实现的呢?我们来看原电池的工作原理。 (3)原理:(负氧正还) ① 在锌铜原电池中哪种物质失电子?哪种物质得到电子?	聆听 回顾思考作答 $Zn + 2H^+ = Zn^{2+} + H_2\uparrow$ 思考讨论作答 活泼金属锌失电子,氢离子得到电子。 锌流向铜 溶液中的氢离子。	培养学生分析问题、解决问题的能力、归纳概括的能力。书写电极反应方程式及总反应方程式。

续表

教师活动	学生活动	设计意图
② 导线上有电流产生,即有电子的定向移动,那么电子从锌流向铜,还是铜流向锌? ③ 当铜上有电子富集时,又是谁得到了电子? 总结: 整个放电过程是:锌上的电子通过导线流向用电器,从铜流回原电池,形成电流,同时氢离子在正极上得到电子放出氢气。 讲述:我们知道电流的方向和电子运动的方向正好相反,所以电流的方向是从铜到锌,在电学上我们知道电流是从正极流向负极的,锌铜原电池中,正负极分别是什么? 负极(Zn): $Zn - 2e^- = Zn^{2+}$(氧化) 正极(Cu): $2H^+ + 2e^- = H_2\uparrow$(还原) 讲述:其中负极上发生的是氧化反应,正极上发生的是还原反应,即负氧正还。 注意:电极方程式要①注明正负极和电极材料②满足所有守恒条件 总反应是: $Zn + 2H^+ = Zn^{2+} + H_2\uparrow$		

(二)模型建立

【学习任务2】实验探究原电池的构成条件。

【评价任务2】诊断并发展学生化学实验探究的水平(定性水平、科学探究与创新意识、证据推理与模型认知)。

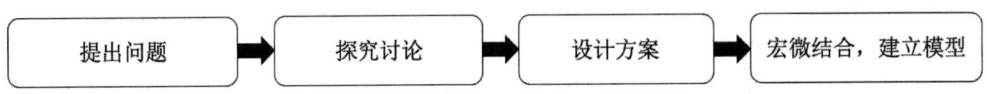

图3-19 学习任务2教学流程图

教师活动	学生活动	设计意图
【过渡】可以看出一个完整的原电池包括正负两个电极、电解质溶液、导线。那么铜锌原电池中的正负极和硫酸电解质能否换成其他的物质呢?下列试剂哪些可构成原电池? 根据所给试剂验证假设。 试剂: 镁片、锌片、铝片、碳棒、氢氧化钠溶液、硝酸银溶液、乙醇	学生思考讨论 镁铜/硫酸;铝碳/氢氧化钠;锌碳/硝酸银	培养学生归纳概括能力

续表

教师活动	学生活动	设计意图
【板书】二、原电池的构成条件 1. 电极反应 2. 电极材料 3. 离子导体 4. 电子导体		

(三)问题解决

【学习任务3】改进装置,解决放电效率低的问题。

【评价任务3】诊断并发展学生分析问题、解决问题的能力(定性水平、科学探究与创新意识、证据推理与模型认知)。

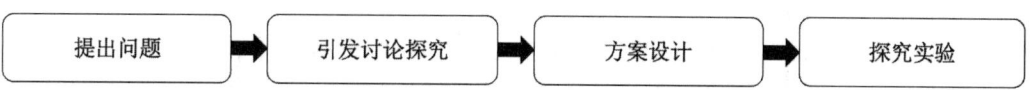

图 3-20 学习任务 3 教学流程图

教师活动	学生活动	设计意图
【过渡】作为原电池,其功能是将化学能转化为电能,在实际应用中需要提供稳定的电流并且希望化学能尽可能转化为电能,上述实验中电流逐渐减小,并且发现锌片仍有气泡产生说明部分化学能以热能形式放出,那么,如何改进实验装置?	学生思考阅读课本	提出问题
（图示：Zn-Cu原电池改进为盐桥装置，$ZnSO_4$ 与 $CuSO_4$） 此电池的优点:能产生持续、稳定的电流。 其中,用到了盐桥,什么是盐桥? 盐桥中装有饱和 KCl 溶液和琼脂制成的胶冻,胶冻的作用是防止管中溶液流出。 盐桥的作用是什么?	交流讨论 探究实验	培养学生分析问题、解决问题的能力,明确盐桥的作用。

续表

教师活动	学生活动	设计意图
可使由它连接的溶液保持电中性,否则锌盐溶液会由于锌溶解成为 Zn^{2+} 而带上正电,铜盐溶液会由于铜的析出减少了 Cu^{2+} 而带上了负电。盐桥保障了电子通过外电路从锌到铜的不断转移,使锌的溶解和铜的析出过程得以继续进行。导线的作用是传递电子,沟通外电路。而盐桥的作用则是沟通内电路。		

(四)教学反馈

1. 下列关于原电池的叙述正确的是(　　)

A. 原电池是将电能转化为化学能的装置

B. 原电池中发生的反应不一定是氧化还原反应

C. 构成原电池的两个电极必须是两种不同的金属

D. 在原电池中,由于电子定向移动或离子定向移动,形成闭合回路,从而产生电流

2. 图 3-21 中的装置属于原电池的是(　　)

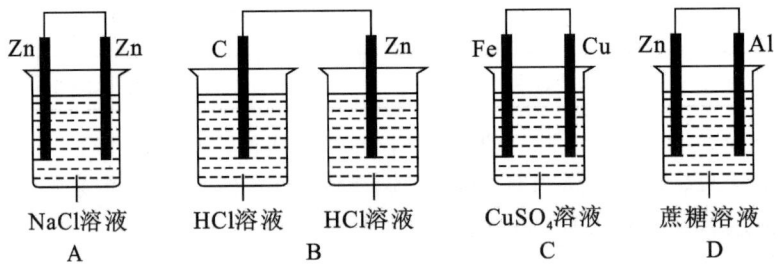

图 3-21

3. 下列有关原电池工作原理的说法中,不正确的是(　　)

A. 电池负极发生氧化反应

B. 电池正极发生还原反应

C. 电子流向是从负极流向正极(外电路)

D. 电流方向是从负极流向正极(外电路)

4. 原电池反应通常是放热反应,在理论上可设计成原电池的化学反应是(　　)

A. $C(s) + H_2O(g) = CO(g) + H_2(g)$ 　$\triangle H > 0$

B. $C(s) + CO_2(g) = 2CO(g)$ 　$\triangle H > 0$

C. $CaC_2(s) + 2H_2O(l) = Ca(OH)_2(l) + C_2H_2(g)$ 　$\triangle H < 0$

D. $CH_4(g) + 2O_2(g) = CO_2(g) + 2H_2O(l)$ 　$\triangle H < 0$

5. 依据氧化还原反应:$2Ag^+(aq) + Cu(s) = Cu^{2+}(aq) + 2Ag(s)$ 设计的原电池如图 3-22 所示。

第三章 化学反应原理教学案例研究

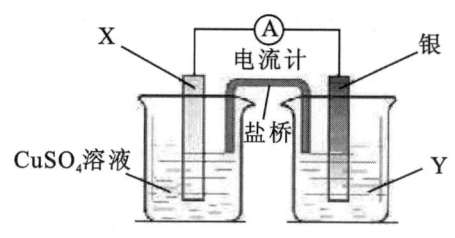

图 3-22

请回答下列问题:
(1)电极 X 的材料是_____;电解质溶液 Y 是_____;
(2)银电极为电池的_____极,发生的电极反应为_____;X 电极上发生的电极反应为_____;
(3)外电路中的电子是从_____电极流向_____电极。

【案例评析】

该案例从学生已有的知识基础与生活经验出发,引发学生思考生活中电池的工作原理,通过实验探究活动,让学生自主建构原电池的工作原理,归纳原电池的构成条件,改善原电池的装置。教师设置了 3 个学习任务:1、学生在探究铜锌原电池的实验中,观察记录实验现象,分析讨论,初步建立起原电池工作原理的科学模型;2、学生根据教师提供的实验药品和器材,自主探究原电池的构成条件,深化对原电池模型的认知;3、学生在探究解决原电池热能损失的实际问题中,优化原电池的基本模型,进一步提高分析问题和解决问题的能力。

整个教学过程有以下特色:

(1)突出问题情境与实验探究,培养学生科学探究与创新意识的化学学科核心素养

该案例以"化学能如何转化为电能""原电池构成的条件是什么""如何才能得到稳定的电流"等问题创设情境作为教学过程的逻辑主线,引导学生利用实验层层深入地讨论和探究原电池的工作原理、构成条件和原电池装置的改进,激发学生学习化学的兴趣,培养学生的创新精神和实践能力。让学生在实验中体验科学探究的过程,在探究中学会合作,学会思考,学会科学研究的方法,从而进一步意识到科学探究是进行科学解释和发现、创造和应用的主要的科学实践活动。

(2)利用"宏-微-符"等多重表征形式培养学生宏观辨识与微观探析的化学学科核心素养

在教学过程中教师多次从原电池工作产生的实验现象或宏观问题引导学生从微观分析现象的本质(指针偏转→电流产生→电子定向移动→氧化还原反应),从实验现象和微观本质相结合的视角分析原电池的工作原理、构成条件,让学生逐渐建立起原电池原理的科学模型,培养了学生宏观辨识与微观探析的核心素养。

(3)注重模型的建构过程

教师通过三个探究学习任务"原电池的工作原理-原电池的构成条件-原电池的优化",引导学生通过分析、推理等方法探究原电池的工作原理、构成条件,逐步建立原电池科

学的认知模型"初识原电池模型－深化原电池模型认知－优化原电池模型",有利于学生认识科学研究的过程及科学模型建立的过程。

第四节 弱电解质的电离教学案例研究

"弱电解质的电离"第1课时教学设计

教材链接:普通高中教科书《化学》选择性必修1 化学反应原理(人民教育出版社,2019年)。

主要内容:电解质分为强电解质和弱电解质;弱电解质在水溶液中存在电离平衡;弱电解质在水溶液中的电离特征。

【案例描述】

一、教学与评价目标

(一)教学目标

1.通过电离实验的科学探究,观察不同电解质在水溶液中电离情况,从宏观的角度认识电离概念。

2.通过对比分析电离实验结果,建立变化观念与平衡思想。

(二)评价目标

1.通过实验探究电解质在水中存在电离平衡,诊断并发展学生的科学探究水平(定性水平、定量水平)。

2.通过对弱电解质在水溶液中电离平衡的分析,锻炼学生从宏观角度学习化学的能力。

3.通过对电解质电离实验的探究,培养学生严谨求实的科学态度,建立探索未知、崇尚真理的意识。

二、教学与评价思路

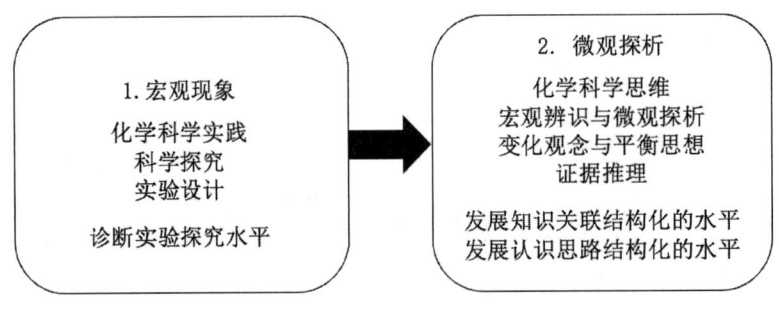

图3-23 教学与评价思路图

第三章 化学反应原理教学案例研究

三、教学流程

(一)建立强弱电解质的概念

【学习任务1】理解强弱电解质的概念。

【评价任务1】诊断并发展学生化学实验探究的水平(定性水平)和微观意识(宏观辨识与微观探析)。

教学环节	教学内容	教学活动		设计意图
		教师活动	学生活动	
导入新课	强弱电解质导电性实验,强弱电解质电离程度比较	【讲述】化合物按照其在水溶液中或熔融状态下是否可以导电可分为电解质和非电解质。电解质在水溶液或熔融状态下能导电。那么,相同条件下,不同电解质导电能力是否相同呢?	聆听、回顾、思考并回答有关问题。	注重新旧知识的联系,以旧带新,导入新课。强化学生的分类思想。
演示实验		(1)在四个小烧杯中分别加入物质的量浓度均为 $0.1\ mol\cdot L^{-1}$ 的 NaOH、CH_3COOH、HCl、$NH_3\cdot H_2O$ 溶液各 10 mL,将连有灯泡、导线的碳棒分别插入溶液中; (2)在锥形瓶中先各放 20 mL $0.1\ mol\cdot L^{-1}$ 盐酸和 $0.1\ mol\cdot L^{-1}$ 醋酸后同时投放等量的 $NaHCO_3$ 粉末,然后迅速套上气球。	观察四个灯泡的明暗程度,思考影响导电能力的因素及产生不同实验现象的原因。 观察现象,比较反应产生气泡速率的快慢。 分析原因,写出盐酸与醋酸溶液中的溶质。	通过宏观辨识,比较相同条件的一元酸、碱溶液的导电性,判断溶液中离子浓度的大小。 通过微观探析,让学生知道酸与 $NaHCO_3$ 反应的实质是与 H^+ 反应,速率不同即溶液中 $c(H^+)$ 的大小不同。
强弱电解质概念引入	强弱电解质概念	【提问】上述实验现象说明相同条件下醋酸与盐酸溶液中 $c(H^+)$ 不同,你能解释原因吗?	相互交流,得出强弱电解质的概念并举例说明常见的强弱电解质。 强电解质:在水分子作用下,能完全电离为离子的化合物(如强酸、强碱、大多数盐)。 弱电解质:在水分子作用下,只有部分分子电离成为离子的化合物(如弱酸、弱碱、水)。	定性实验来明确强弱电解质的概念。引导学生从醋酸与盐酸物质的量浓度相同,而氢离子浓度不同的角度分析强弱电解质的本质区别。

(二)宏观辨识与微观探析

【学习任务2】弱电解质的电离平衡。

【评价任务2】诊断并发展学生对弱电解质电离平衡的理解(证据推理)及对动态平衡的认识(变化观念与平衡思想)。

教学环节	教学内容	教学活动 教师活动	教学活动 学生活动	设计理念
分析强弱电解质电离的特点	弱电解质电离平衡	强电解质在水溶液中完全电离,弱电解质为什么部分电离? 以强电解质 HCl 和弱电解质 CH_3COOH 为例来讨论。 HCl 在水中电离产生了 H^+ 和 Cl^-,即 $HCl \rightarrow H^+ + Cl^-$ 但溶液中 H^+ 和 Cl^- 不会重新结合成 HCl 而醋酸在水中部分电离产生了 H^+ 和 CH_3COO^-,即 $CH_3COOH \rightleftharpoons H^+ + CH_3COO^-$ 溶液中 H^+ 和 CH_3COO^- 重新结合成 CH_3COOH,即 $H^+ + CH_3COO^- \rightleftharpoons CH_3COOH$	听讲、产生质疑、推理、理解。	通过对问题的思考,培养学生的证据推理能力及对强弱电解质电离特点的理解。
实验探究		设计实验验证: 取少量的 0.1 mol/L HCl 溶液和 0.1 mol/L CH_3COOH 溶液于 2 个小烧杯中,测其 pH。再分别向 2 个小烧杯中加入少量的 NaCl(s) 和 CH_3COONH_4(s),溶解后测其 pH。	记录实验数据,分析实验数据。	引导学生用实验解决化学问题,培养学生设计实验的能力、主动意识和合作精神以及分析问题、推理问题、解决问题的能力,使学生的科学探究能力得到培养。
引入弱电解质电离为可逆过程		在醋酸溶液中,醋酸分子电离成氢离子和醋酸根离子的同时氢离子和醋酸根离子也结合成醋酸分子。这说明醋酸在水中的电离过程是什么过程? (可逆过程) $CH_3COOH \rightleftharpoons H^+ + CH_3COO^-$	听讲,理解弱电解质电离过程,掌握弱电解质电离表示方法、弱电解质电离方程式。	引导学生思考并分析弱电解质电离过程的可逆性、形成分析思路,建立化学平衡思想。 引导学生掌握弱电解质电离方程式的书写。

【案例评析】

本案例注重发展学生的化学学科核心素养,通过探究实验学习弱电解质的电离,让学生认识到任何事物的表象都有其本质原因,发展学生证据推理与模型认知的化学学科核心素养;通过宏观现象、微观解释以及符号表征,培养学生三重表征的能力,发展学生宏观辨识与微观探析的化学学科核心素养。

整个教学过程有以下特色:

(1) 以化学观念为统领,让学生学习有内在逻辑的知识内容

弱电解质的电离是本章的关键内容,它与溶液的酸碱性、盐类的水解、溶液中的离子反应有直接关系。从促进学生化学观念发展的角度看,本节课的主要内容包括如下:第一,认识电解质因电离程度的不同有强弱之分,发展对化合物及电解质分类的认识;第二,认识弱

电解质在水溶液中的电离特征、浓度等条件对电离平衡的影响,深化对水溶液中电解质的存在形式和微粒间相互作用的认识;第三,从微观、动态、平衡的角度认识水溶液中电解质的微粒存在形式、微粒间的相互作用及微粒数量关系等,初步建立相应的认识思路和方法,并确定"化学平衡观""微粒观"作为统领"弱电解质的电离"教学的核心观念。

(2)以探究实验辅助教学,重视学生概念的建构过程

"弱电解质的电离"知识理论性较强且微观抽象,学生一般能接受弱电解质是部分电离的,但对于弱电解质电离出来的离子能结合成分子、弱电解质在溶液中存在电离平衡的认识往往存在困难。为了帮助学生形成对"水溶液中弱电解质存在电离平衡"这个重点同时也是难点的学习,教学通过实验探究以及化学实验现象或数据的分析,用问题引导学生分析其微观原因,由宏观现象的认识到分析水溶液中的氢离子浓度是怎样变化的,由此认识到水溶液中物质微粒及微粒间的相互作用,让学生确认在水溶液中弱电解质存在着电离平衡。

(3)通过系列问题激发引导,帮助学生逐步形成认识思路和方法

为了增进学生对学习内容的理解,课堂教学问题的设计很关键。从微观粒子角度认识水溶液中弱电解质的电离平衡,初步形成相应的认识思路和方法是学生需要发展的观念性认识(微粒观),它是学生后续学习相关内容的重要基础,同时也是学生学习的难点之一。问题系列的设计不仅要关注学习内容本身,而且要关注学生认识思路与方法的感悟、关注学生化学观念的形成与发展。

第五节 盐类的水解教学案例研究

"盐类的水解"第1课时教学设计

教材链接:普通高中教科书《化学》选择性必修1 化学反应原理(人民教育出版社,2019年)。
主要内容:盐类水解的原理;盐类水解的规律;盐类水解的应用。

【案例描述】

一、教学与评价目标

(一)教学目标

1.通过探究实验现象,分析实验中的微观本质,发展宏观辨识与微观探析能力。

2.通过pH试纸测试不同盐溶液的酸碱性,从现象出发分析盐类在水解过程中经历的变化和建立的平衡,掌握盐类水解的本质,在科学探究的过程中,逐步形成盐类水解过程中的变化观念和平衡思想。

3.从焊接时用$(NH_4)_2SO_4$除铁锈这一生活现象出发,感受盐类水解的价值。

(二)评价目标

1.通过对NH_4Cl、$NaCl$、CH_3COONa溶液酸碱性的检验,分析推理微观世界中可能出现的变化,诊断并发展学生依据宏观现象进行微观探析的能力(定性水平)。

2.通过实验并运用归纳法探究盐类水解的本质原因,诊断并发展学生的归纳演绎能力

(从宏观到微观、透过现象看本质)。

3.通过对焊接除铁锈实验的讨论和点评,诊断并发展学生对化学价值的认识水平(学科和社会价值视角)。

二、教学与评价思路

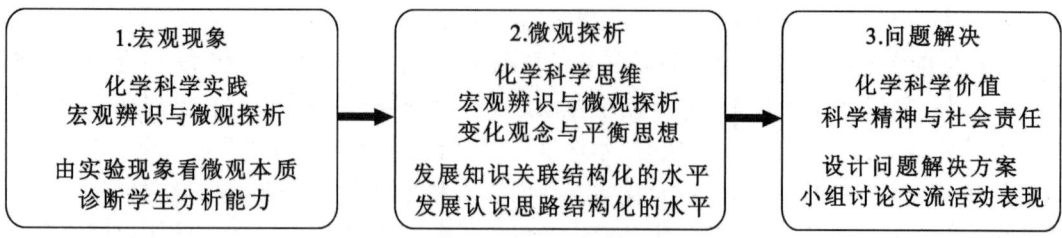

图 3-24 教学与评价思路图

三、教学流程

(一)宏观辨识

【学习任务1】实验探究不同盐溶液的酸碱性。

【评价任务1】诊断并发展学生由宏观现象推测微观变化的能力(定性水平)。

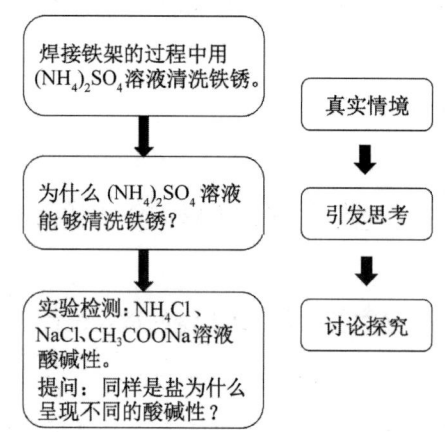

图 3-25 学习任务1教学流程图

教学环节	教学内容	教学活动		设计理念
		教师活动	学生活动	
导入新课	不同盐类溶液呈现不同酸碱性	为什么在焊接铁架的过程中通常用$(NH_4)_2SO_4$溶液清洗?	思考	创设情境
		实验检测:NH_4Cl、$NaCl$、CH_3COONa溶液酸碱性。	用pH试纸验证NH_4Cl、CH_3COONa、$NaCl$溶液的酸碱性。观察记录现象。	激发学习兴趣
		提出问题:同样是盐溶液为什么呈现不同的酸碱性?	分组讨论:盐溶液呈现不同酸碱性的原因。	由宏观现象引发学生对微观世界的分析。

(二)微观探析

【学习任务2】盐类水解的原理。

【评价任务2】诊断并发展学生对盐类水解平衡模型的建立及动态平衡的认识。

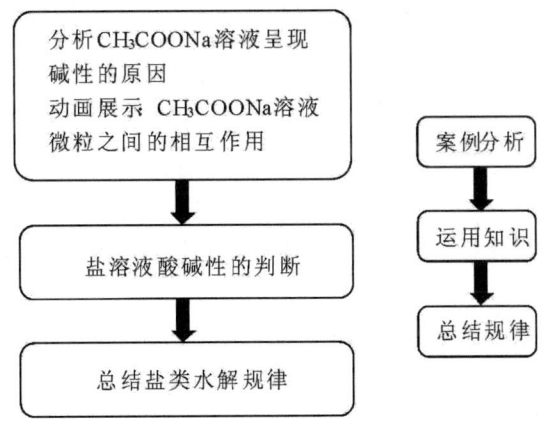

图3-26 学习任务2教学流程图

教学环节	教学内容	教学活动		设计理念
		教师活动	学生活动	
分析问题	CH₃COONa溶液呈现碱性的原因。	【投影展示】 1. CH₃COONa溶液中存在着几种离子? 2. 哪些离子可能相互结合,对水的电离平衡有何影响? 3. 为什么CH₃COONa溶液显碱性? 【动画展示】利用动画展示微观粒子之间的相互作用,帮助理解溶液显碱性的原因。 以CH₃COONa溶液为例进行分析 $CH_3COONa = CH_3COO^- + Na^+$ $+$ $H_2O \rightleftharpoons H^+ + OH^-$ $\Updownarrow$ CH_3COOH	倾听、做笔记。学生先独立思考,然后和小组成员交换结果。小组内的两位学生各自完成其中一种溶液的水解过程,互相检查笔记、理解盐类的水解是因为破坏了水的电离平衡引起的。	形成水解平衡的概念。通过对问题的表征,引导学生形成正确思考问题的思路。建立水解平衡的模型。揭示盐类水解的实质。
盐溶液酸碱性的判断	盐的组成与盐溶液酸碱性的关系	在完成盐分类的基础上提问: 哪些盐的溶液显酸性? 哪些盐的溶液显中性? 哪些盐的溶液显碱性?	学生对盐进行分类,并结合盐类水解的实质阐述酸碱性原因。	利用归纳与演绎的思想,学会判别盐溶液酸碱性。

续表

教学环节	教学内容	教学活动		设计理念
		教师活动	学生活动	
总结		【总结】盐类水解规律： 有弱才水解，越弱越水解； 谁强显谁性，同强显中性。	记笔记、理解	对知识进行归纳小结便于记忆。

(三)问题解决

【学习任务3】运用盐类水解平衡原理,设计并讨论焊接铁架的过程中用$(NH_4)_2SO_4$溶液清洗的实验方案原理。

【评价任务3】诊断并发展学生对化学价值的认识水平(学科价值视角、社会价值视角、学科和社会价值视角)。

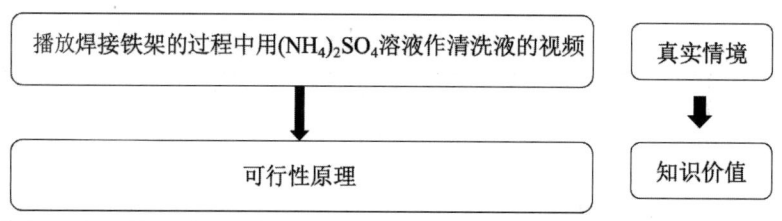

图3-27 学习任务3教学流程图

教学环节	教学内容	教学活动		设计理念
		教师活动	学生活动	
知识应用	盐类水解平衡的应用	【提问】为什么焊接铁架的过程中用$(NH_4)_2SO_4$溶液清洗铁锈?	学生讨论原理	感悟知识价值

【案例评析】

本教案以培养化学学科核心素养为主旨,为学生掌握盐类水解的实质以及盐类水解规律,设计了以下活动,首先从宏观生活现象设置疑问,再以宏观实验现象为铺垫,将学生引入微观粒子世界分析探寻原因,进而掌握了盐类水解的实质;其次通过归纳演绎的方法,运用盐类的分类进行归类分析,得到盐类水解规律。案例中主要涉及了探究法和讨论法,实验探究主要体现在NH_4Cl、$NaCl$、CH_3COONa溶液酸碱性的检测以及后续通过对微观世界分析得到盐类水解本质的过程中,讨论交流主要体现在让学生掌握盐类水解实质后通过对盐类进行归类,从单一盐的水解实质上升到一类盐甚至所有盐的过程中。

在学科核心素养上,主要体现了宏观辨识与微观探析、变化观念和平衡思想以及科学探究。宏观辨识与微观探析体现在从生活现象以及实验出发,通过微观世界的分析认识到盐类水解后溶液呈现酸碱性的不同。变化观念与平衡思想主要体现在分析盐类水溶液呈现酸碱性的过程中,不同的盐因为破坏了水的电离平衡而显示出不同的酸碱性,原有的平衡在破坏与建立之间又产生新的变化,这也是化学的魅力之一。科学探究主要体现在整个案例的步步深入之中,从现象问题出发,经过严谨分析认识到盐类水解后溶液呈现酸碱性的原理。

整个教学过程有如下特色:

(1) 突出问题情境

本案例在开始之初设置了盐类水解的问题情景,即"为什么在焊接铁架的过程中通常用$(NH_4)_2SO_4$溶液清洗铁锈?"。教师结合学生已知的利用酸来清洗铁锈的知识,引导学生对$(NH_4)_2SO_4$溶液的酸碱性进行讨论,并在此基础上展开盐类水解的学习。该问题情景既激发了学生学习该知识的兴趣,又让学生认识到盐类水解的社会价值。学生通过对盐类水解的学习,在掌握盐类水解原理的基础上,解释导课时提出的问题,这既是对学生本节所学知识的检验,又使课堂内容完整,从问题提出出发回归问题解决。

(2) 多重表征穿插交替

在教学过程中教师从生活现象和实验表现出的宏观现象出发,带领学生走入微观粒子世界探寻盐类水解本质,中间穿插有动画、图片、方程式等表征形式帮助学生理解盐类水解过程,最后问题解决则是学生学会从宏观现象出发利用符号表征分析微观本质的过程,是对表征的综合运用。

(3) 从个别归纳到类别

由认识个别到认识一般,再由认识一般到认识个别。在个别中发现一般的推理形式、思维方法是归纳;在一般中发现个别的推理形式、思维方法是演绎。归纳和演绎是统一认识过程中的两个既互相对立,又互相依存的思维方法。案例中先通过个别分析认识醋酸钠显碱性的原因,再由醋酸钠认识整个强碱弱酸盐,进而再归纳方法并类推到所有盐溶液的酸碱性。

"盐类的水解"第 2 课时教学设计

教材链接:普通高中教科书《化学》选择性必修1 化学反应原理(人民教育出版社,2019年)。

主要内容:影响盐类水解的主要因素;盐类水解的应用。

【案例描述】

一、教学与评价目标

(一) 教学目标

1. 认识反应条件对盐类水解平衡的影响,掌握盐类水解移动的影响因素,初步学会运用控制变量方法研究化学反应,掌握盐类水解移动的规律,逐步建立起盐类水解平衡的思想。

2. 通过探究实验以及对实验现象的讨论,将实验宏观现象与微观分析结合,厘清各个因素对盐类水解的具体影响,建立起宏微结合思考问题的方式。

3. 通过对盐类的水解在工农业生产生活中的应用,产生学以致用的成就感,增强学习自然科学的兴趣,感受知识价值,赞赏化学对社会发展的贡献。

(二)评价目标

1.通过不同思路设计温度对盐类水解影响的探究实验并对实验现象进行讨论,使学生掌握温度对盐类水解的影响,从不同方面理解盐类水解平衡,诊断并发展学生的辩证观。

2.通过体验设计实验及探究过程中的乐趣,诊断并发展学生实验探究的水平,激发学习自然科学的兴趣。

3.通过用化学知识分析日常生活中的现象,诊断并发展学生理论联系实际的能力、综合分析能力以及对化学价值的认识水平(学科和社会价值视角)。

二、教学与评价思路

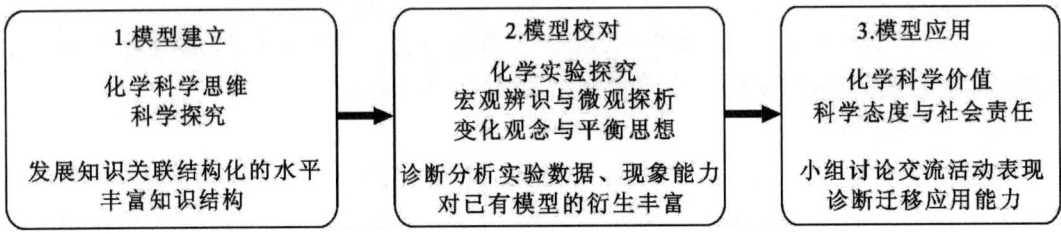

图3-28 教学评价与思路图

三、教学流程

(一)模型的建立

【学习任务1】揭示盐类水解属于化学平衡体系模型。

【评价任务1】诊断并发展学生动态平衡观。

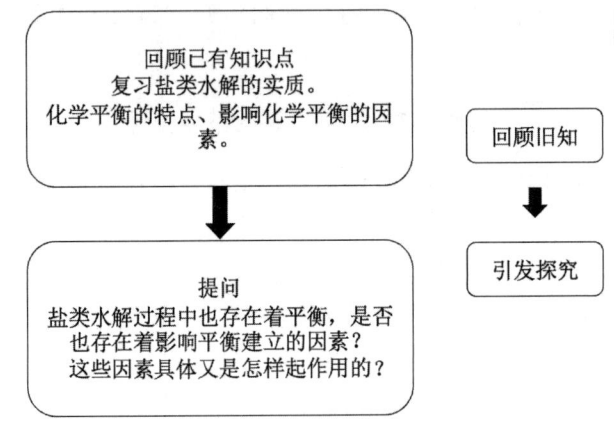

图3-29 学习任务1教学流程图

教学环节	教学内容	教学活动		设计理念
		教师活动	学生活动	
导入新课	盐类水解平衡的定义	【提问】大家还记得化学平衡的哪些知识？上节课我们学习了盐类水解的实质,水解过程是怎样的？其中存在哪些化学平衡呢？ 【讲述】盐类水解平衡是动态平衡的一种,是一种可逆反应。 【提问】哪些因素会影响盐类水解？这些因素可以控制和利用吗？	回忆所学知识 思考,明确学习范围	注重新旧知识的联系,以旧带新,注重知识归纳。 确立研究范围,为后面的水解平衡移动影响因素的教学做铺垫。

(二)模型校对

【学习任务2】盐类水解平衡移动的影响因素。

【评价任务2】诊断并发展学生实验探究的水平和辩证观。

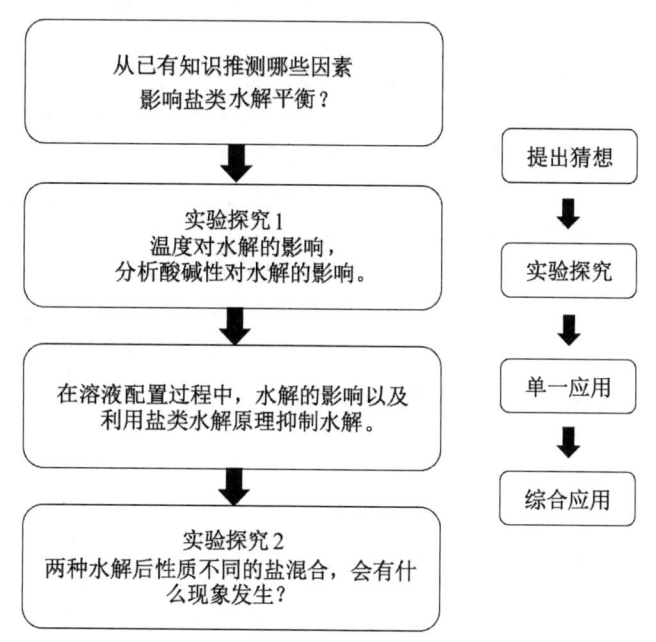

图3-30 学习任务2教学流程图

教学环节	教学内容	教学活动		设计理念
		教师活动	学生活动	
实验演示	盐类水解平衡移动的影响因素	【过渡】人为改变盐类水解程度，不能通过改变内因实现，只有通过外因对其施加影响。		过渡，为利用改变外因影响平衡移动铺垫。
		【提问】哪些外界因素会影响水溶液中盐类水解平衡的移动？	【回答】温度，浓度。	培养动态平衡移动的学习方法，注重知识前后联系。
		温度的影响： 【引导】上节课我们分析了醋酸钠在水中水解显碱性及其原因，请写出它发生水解的离子方程式。 【引导】如何从实验现象直观看出显碱性？ 【探究问题1】温度升高如何影响盐类水解平衡？ 【引导】温度降低又会怎么样呢？	【回答】碱性，是强碱弱酸盐。 $CH_3COO^- + H_2O = CH_3COOH + OH^-$ 【实验】醋酸钠滴加酚酞。 【现象】变红，说明显碱性。 【实验方案】对滴加酚酞的醋酸钠溶液进行加热。 利用对比法对照实验现象。 【总结】盐类水解是吸热反应，温度升高，促进水解。 【实验】将滴有酚酞加热变红的醋酸钠放入冰水中。 【结论】盐类水解逆反应是放热反应，温度降低，抑制水解。	引导学生用实验解决化学问题。 培养学生设计实验的能力和观察能力。 培养学生归纳总结能力从不同角度看同一问题。
		【过渡】溶液的酸碱性又如何影响盐的水解呢？ 【展示】对比新制和久置的$FeCl_3$。 【设疑】如何避免此种现象发生？ 【引导】还有哪些盐会像$FeCl_3$这样长久放置产生浑浊呢？ 【引导】像这样的盐在配制溶液时，如何防止这种情况发生呢？	【观察】 $Fe^{3+} + 3H_2O \rightleftharpoons Fe(OH)_3 + 3H^+$ 【实验】加盐酸，不引入其他离子杂质。 【回答】强酸弱碱盐 $CuCl_2$ 等。 【回答】也加几滴盐酸。	启发思维，培养学生用已学知识解决实际问题的能力。

续表

教学环节	教学内容	教学活动		设计理念
		教师活动	学生活动	
实验演示	盐类水解平衡移动的影响因素	【拓展1】像 Na_2S 这样的弱酸强碱盐在配制时应怎样削弱水解呢？	【回答】加几滴相应碱。	培养学生用已学知识解决实际问题的能力，举一反三。
		【拓展2】如何促进 $FeCl_3$ 水解呢？ 【引导】直接加碱可以，那么有没有间接加碱的方法呢？ 【探究问题2】两种水解后性质不同的盐混合，会有什么现象发生？例如 $FeCl_3$ 与 $NaHCO_3$ 混合。 【总结】两种性质不同的可水解的盐在一起可以相互促进彼此的水解，甚至可以使水解反应进行到底。	【回答】加几滴碱。 【回答】$NaHCO_3$ 等强碱弱酸盐。 【分析】从两个水解反应分析。 【推测】相互促进，产生 CO_2 和 $Fe(OH)_3$ 沉淀。 【实验验证】带火星木条熄灭，生成红棕色沉淀。	启发思维，发散学习。
		【拓展3】还有哪些因素可以影响盐的水解呢？	思考，类比影响弱电解质的电离的影响因素。 【回答】同离子效应	培养学生举一反三的能力。

（三）知识价值

【学习任务3】运用盐类水解平衡移动原理，解释泡沫灭火器及净水剂的作用及原理、明矾净水原理、盐类水解在农业上的应用，在学以致用的同时感受盐类水解知识的广泛用途。

【评价任务3】诊断并发展学生对化学价值的认识水平（学科价值视角、社会价值视角、学科和社会价值视角）。

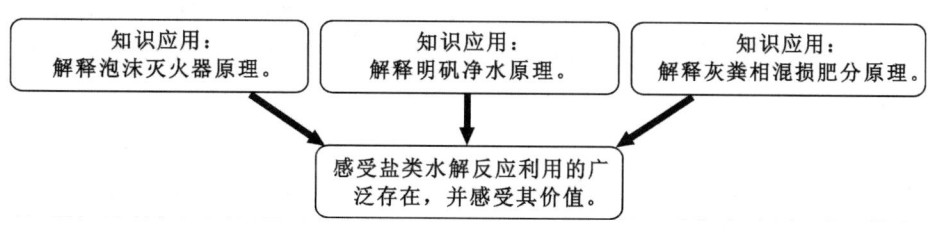

图3-31 学习任务3教学流程

教学环节	教学内容	教学活动		设计理念
		教师活动	学生活动	
PPT演示	盐类水解的应用	【引导】泡沫灭火器是内外桶结构，外桶是钢制材料，内桶是玻璃做的，你能利用盐类水解分析一下内外桶分别盛哪种溶液吗？ 【讲述】泡沫灭火器在使用时应当倒置，混合，喷出。	【回答】内桶盛放硫酸铝，外桶盛放碳酸氢钠。 【分析】从水解反应分析。 记忆，思考。	理论联系实际，将盐类水解理论应用于实际生活，提高学生分析问题、解决问题的能力。
		【联系实际，图片展示】1998年抗洪救灾时用来净水的药剂是什么？它如何利用盐类水解的原理来净水的呢？ 【联系实际农谚】"灰混粪，粪混灰，灰粪相混损肥分。"灰主要含有碳酸钾，粪实质上是铵态氮肥，这里隐含的就是盐类水解的奥秘。你能用所学盐类水解知识解释吗？	【回答】$KAl(SO_4)_2 \cdot 12H_2O$。 铝离子可以水解。 【回答】两种不同性质的可水解盐在一起可以相互促进彼此的水解，甚至可以使反应进行到底。	

【案例评析】

在整个高中化学知识体系中，盐类的水解是中学化学的重要理论基础之一，本案例探讨影响盐类水解因素及应用，侧重于盐类水解达到平衡后，外界条件对盐类水解的影响，尤其是温度和溶液酸碱性等外因的影响，并对盐类水解实例进行分析。本课是对电离平衡理论、盐类水解知识和平衡移动的综合应用。本案例运用设计探究实验、分析实际生活实例培养学生观察能力、思维能力，并渗透用辩证的观点看问题的意识。

整个教学过程有如下特色：

(1) 体现建构观念

本案例为盐类的水解第2课时，在盐类的水解第1课时中，学生已学习了从盐类物质入手分析盐类的组成与盐溶液酸碱性的对应关系，并以水的电离平衡为基础，明确不同盐溶液呈现不同酸碱性的本质原因。所以在本节内容开展之前，对前面知识进行简单的复习与提示，使学生已有知识提升到注意层面以上，在教学的开展过程中学生能迅速地提取已有知识，开展知识的建构。

(2) 渗透意义学习

本案例与生产生活有着丰富的联系，甚至与前面学习过程中的溶液配制等知识也有联系。所以本节内容有大量可以选用的素材来开展意义学习。这些素材在生活中也十分常见，也就是预先存在于学生脑海之中，本节内容的学习就是与学习者认知结构中已有的适当概念建立非人为的、实质性联系的过程。这样的学习可以让知识在脑海中存储更加长久,学习也更加有趣。本教案充分利用了这一点,引入了大量的学生脑海中已经储存的但却无法解释清原理的现象或者事实,在学生学习之后又能运用本节内容加以解释,在此过程中有意义的学习就此产生。

（3）突显知识价值

本节案例选用了大量的事实案例,目的在于让学生感受到本节知识的价值,感受到本节知识离我们生活很近,在生产中、生活中、以往见过的试剂中都有它的引用,可是却从来没有认识到自己忽略了这些事实。这些事实例子就恰恰唤起了学生的求知欲,让学生能感受到知识的价值,或者感受到自己在解释这些事实的原理时的成就感。

参考文献

[1]徐春丽,林承志."氧化还原反应"第一课时教学设计[J].化学教学,2010(11):40-42.

[2]何彩霞.以化学观念为统领设计教学活动:对"弱电解质的电离"教学课例的再研究[J].化学教育,2013,34(01):16-18.

[3]王敏."盐类的水解"教学设计[J].化学教育,2010,31(S2):65-67.

[4]张雅静."影响盐类水解因素及其应用"教学设计[J].化学教育,2010,31(S2):30-34.

第四章 元素及其化合物教学案例研究

第一节 离子反应教学案例研究

"离子反应"第2课时教学设计

教材链接:普通高中教科书《化学》必修第一册(人民教育出版社,2019年)。

主要内容:离子反应的概念;离子反应发生的条件;离子方程式的书写。

【案例描述】

一、教学与评价目标

(一)教学目标

1.从宏观现象和微观本质出发理解离子反应,发展宏观辨识与微观探析的化学学科核心素养。

2.从宏观实验现象、化学符号和微观离子认识物质的变化,知道离子反应需要一定的条件,形成离子之间发生反应遵循一定规律的变化观念。

3.通过系列实验,感知实验现象,体会科学探究过程,逐步提高科学探究的能力。

(二)评价目标

1.通过实验探究离子反应发生的条件,诊断并发展学生的实验探究水平(定性水平)。

2.通过对离子反应发生的条件的认识,诊断并发展学生对离子反应本质的认识。

二、教学与评价思路

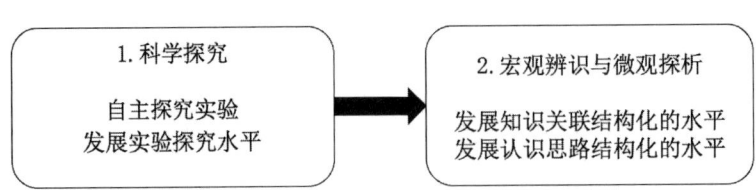

图4-1 教学与评价思路图

第四章 元素及其化合物教学案例研究

三、教学流程

(一)微观探析

【学习任务1】认识离子反应。

【评价任务1】发展学生的科学探究核心素养。

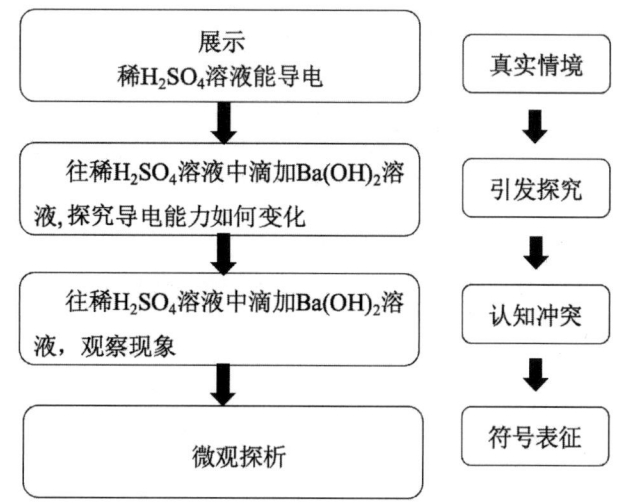

图4-2 学习任务1教学流程图

教学环节	教学内容	教学活动		设计理念
		教师活动	学生活动	
导入新课	稀H_2SO_4与$Ba(OH)_2$溶液的反应,离子反应概念的建立	往稀H_2SO_4溶液中滴加$Ba(OH)_2$溶液,导电能力怎么变化?有什么反应现象?	回答: 电流表指针变为零又增大,最后几乎不变。 有白色沉淀产生。	创设情境,激发学生学习兴趣
		【提问】为什么电流表指针变为零又增大,最后几乎不变?白色沉淀是什么?	【学生分组分析讨论】白色沉淀是$BaSO_4$。电流表指针变为零又增大,最后几乎不变原因是: $2H^+ + SO_4^{2-} + 2OH^- + Ba^{2+} = BaSO_4 \downarrow + 2H_2O$ 反应生成沉淀和水几乎不导电,接着滴加$Ba(OH)_2$溶液导电能力增强,最后溶液浓度几乎不变导电能力几乎不变。	建立概念:什么是离子反应

(二)宏观辨识与微观探析

【学习任务2】离子反应发生的条件。

【评价任务2】诊断并发展学生对离子反应发生条件的认识。

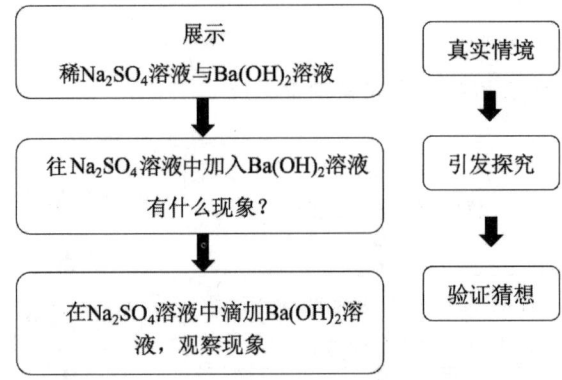

图4-3　学习任务2教学流程图

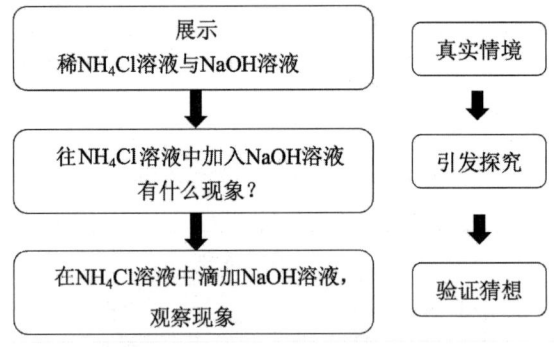

图4-4　学习任务3教学流程图

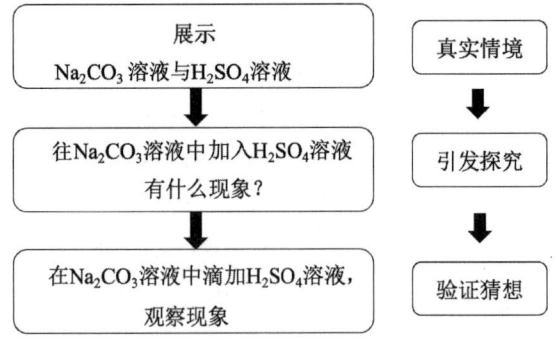

图4-5　学习任务4教学流程图

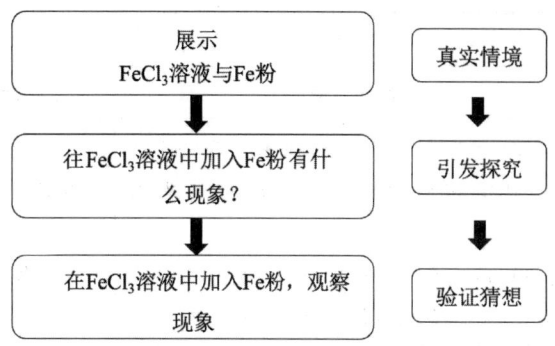

图 4-6　学习任务 5 教学流程图

教学环节	教学内容	教学活动		设计理念
		教师活动	学生活动	
温故知新	离子反应发生条件的建立	【过渡】通过稀 H_2SO_4 与 $Ba(OH)_2$ 溶液反应的导电性实验我们又重新认识了离子反应,那么离子反应发生的条件是什么呢?	学生思考尝试理解	调动学生的学习积极性和学习热情;且承上启下。
实验演示1	离子反应发生的条件1	在 Na_2SO_4 溶液中滴加 $Ba(OH)_2$ 溶液,观察现象。 【提问】:该反应是离子反应吗?为什么他能发生?列举类似该条件下能发生的反应。	思考 积极回答	用实验来学习更能激发学生的学习兴趣。
离子反应发生的条件	得出结论	对学生的回答作适时点评或启发,最终引导学生得出正确结论。 1.生成沉淀	学生结合课本和所学知识举例说明生成沉淀反应。	学生通过自己的观察和理解能更好地掌握所学知识;让学生分析得出结论,体现学生的成就感;为下一知识的学习作好铺垫。

续表

教学环节	教学内容	教学活动		设计理念
		教师活动	学生活动	
实验演示2	离子反应发生的条件2	离子反应的发生除了生成沉淀还有哪些情况呢？NH_4Cl溶液中滴加$NaOH$溶液，观察现象。 【提问】：该反应是离子反应吗？为什么它能发生？列举类似该条件下能发生的反应。	学生思考 积极回答	领悟新知
离子反应发生的条件	得出结论	对学生的回答进行适时点评或启发，最终得出正确结论。 2.生成弱电解质	学生结合课本和所学知识举例说明生成弱电解质的离子反应。	学生通过自己的观察和理解能更好地掌握所学知识；让学生分析得出结论，提升学生的成就感；为下一知识的学习作好铺垫。
实验演示3	离子反应发生的条件3	离子反应的发生除了生成沉淀和弱电解质还有哪些情况呢？观察思考。 往Na_2CO_3溶液中滴加稀H_2SO_4 【提问】：该反应是离子反应吗？为什么它能发生？列举类似该条件下能发生的反应。	积极思考回答	通过实验及所学来调动学生回顾之前所学知识，温故知新，激发学生的求知欲。
离子反应发生的条件	得出结论	对学生的回答进行适时点评或启发，最终得出正确结论。 3.生成气体	学生结合课本和所学知识举例说明生成气体的离子反应。	学生通过自己的观察和理解能更好地掌握所学知识；让学生分析得出结论，提升学生的成就感；为下一知识的学习作好铺垫。

第四章　元素及其化合物教学案例研究

续表

教学环节	教学内容	教学活动		设计理念
		教师活动	学生活动	
实验演示4	离子反应发生的条件4	离子反应的发生除了生成沉淀、气体和弱电解质还有哪些情况呢？观察思考。 往$FeCl_3$溶液中加入Fe粉 【提问】：该反应是离子反应吗？为什么它能发生？列举类似该条件下能发生的反应。	积极思考回答	通过实验及所学来调动学生回顾之前所学知识，温故知新，激发学生的求知欲。
离子反应发生的条件	得出结论	对学生的回答进行适时点评或启发，最终得出正确结论。 4.发生氧化还原反应	学生结合课本和所学知识举例发生氧化还原反应的离子反应。	学生通过自己的观察和理解能更好地掌握所学知识；让学生分析得出结论，提升学生的成就感；为下一知识的学习作好铺垫。
总结	离子反应发生的条件	根据刚刚所学，引导学生总结离子反应发生的条件。	学生总结离子反应发生的条件： 1.生成沉淀。 2.生成弱电解质。 3.生成气体。 4.发生氧化还原反应。	自己总结，锻炼学生的分析总结归纳能力。

续表

教学环节	教学内容	教学活动		设计理念
		教师活动	学生活动	
练习与活动	课堂练习	5.按要求书写下列离子方程式或化学方程式： ①写出 $Ba(NO_3)_2$ 溶液中加稀 H_2SO_4 的离子方程式。 ②写出将铁屑加入 $CuSO_4$ 溶液中的离子方程式。 ③将 $Cu^{2+} + 2OH^- = Cu(OH)_2\downarrow$ 改写成一个化学反应方程式。 ④将 $CO_3^{2-} + 2H^+ = CO_2\uparrow + H_2O$ 改写成一个化学反应方程式。	请部分学生到黑板作答。	诊断学生认知水平。

【案例评析】

离子反应是典型的化学核心概念之一，既衔接了初中复分解反应等内容，又为后续《化学反应原理》中水溶液中的离子反应与平衡以及电化学等内容的学习奠定了知识基础。学生通过对离子反应的学习，结合实验现象，对化学反应的认识从宏观走向微观，对化学反应的认识达到了新的层面。

本节课的教学设计从稀硫酸和氢氧化钡溶液反应造成电流表的指针变化的现象出发，创设问题情境，激发学生学习兴趣，从而建立起离子反应的概念，接着通过系列实验，进行实验探究，根据实验现象进行分析，最后归纳总结出离子发生的条件，进而认识离子反应的本质，加深对离子反应的理解。

整节课的教学设计有以下特色：

(1)运用了宏、微、符三重表征的教学理念，从多角度理解离子反应

对离子反应的理解分为三个维度：

①宏观维度：从实验的现象认为反应发生了化学反应。

②符号维度：认为发生了化学反应，并运用化学方程式这种符号来描述反应，通过化学方程式写出离子方程式表示反应。

③微观维度：分析出离子反应本质为原本自由移动的阴阳离子相结合，失去了自由，并以沉淀、气体和难电离物质的形式脱离了原溶液体系。

本节课的教学设计将宏观的实验现象和微观结构的联系、辅之以符号表征，让学生从实验现象、化学符号和离子水平认识物质的变化，从宏观和微观相结合的视角分析和解决问题。

(2)创设问题情境，采用基于学习任务的课堂教学方法

本节教学设计以稀硫酸和氢氧化钡溶液反应中"为什么电流表指针变为零又增大,最后几乎不变?"的问题切入,创设问题情境,激发学生的学习兴趣。在问题情境的基础上,采用基于学习任务的课堂教学方法,共设置了两个学习任务:

①认识离子反应:在老师的引导下,学生分组讨论"电流表指针变化与产生沉淀之间的关系及其原因",学生对化学反应的理解从宏观进入微观,初步建立离子反应的概念,认识离子反应。

②探究离子反应发生的条件:设计了四类实验,结合实验现象和教师提问,学生通过自己观察和理解,归纳出离子反应发生的条件。最后通过练习巩固离子方程式的书写,帮助学生加深对离子反应的理解。

第二节 氮的循环教学案例研究

"氮的循环"第1课时教学设计

教材连接:普通高中教科书《化学》必修第一册(山东科学技术出版社,2019年)。

主要内容:氮气、一氧化氮、二氧化氮、氨气的性质以及主要应用;含有氮元素的物质之间的转化。

【案例描述】

一、教学评价目标

(一)教学目标

1. 通过视频展示,讲解自然界中氮循环的途径、形式及所涉及的含氮物质,从而理解生物固氮和人工固氮形式。

2. 通过结构决定性质掌握元素化合物的学习方式与实验探究的学科思维,认识 N_2、NO、NO_2 的性质,了解氮氧化物溶于水生成硝酸的有关计算,培养学生证据推理与模型认知的化学学科素养。

3. 通过人类活动对氮循环的影响,树立保护环境的意识,增强社会责任感。

【教学重点】N_2、NO、NO_2 的性质,氮氧化物溶于水生成硝酸的有关计算。

【教学难点】通过实验探究培养学生分析、解决问题的能力。

(二)评价目标

1. 通过对氮气化学性质的猜测与讨论,诊断并发展学生对氮元素的认识水平(元素水平、物质水平、微粒水平)和认知思路的结构化水平。

2. 通过对氮气化学性质实验的交流与讨论,诊断并发展学生的实验探究水平。

3. 通过对氮氧化物性质的认识与探讨,诊断并发展学生的小组合作意识。

二、教学与评价思路

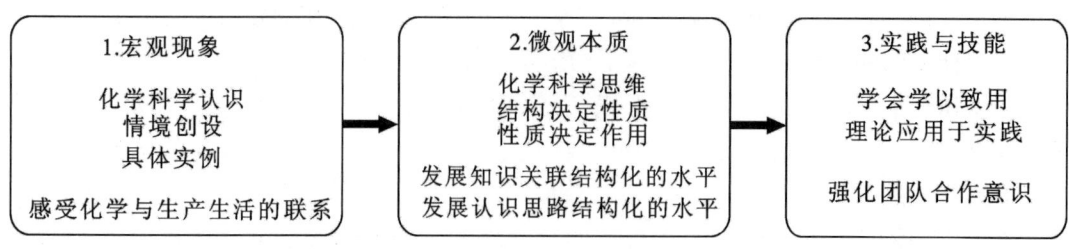

图4-7 "氮的循环"教学与评价思路示意图

三、教学流程

（一）宏观现象

【学习任务1】根据所展示的视频和俗语,理解氮循环的过程、途径,了解在氮循环过程中涉及的含氮元素的物质。

【评价任务1】评价并发展学生观察、分析和独立思考的能力。

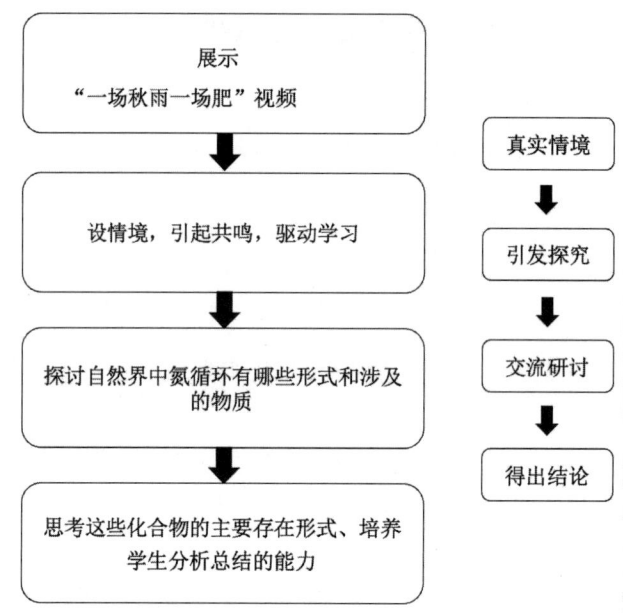

图4-8 学习任务1教学流程

教师活动	学生活动	设计意图
【播放】"一场雷雨一场肥"视频 【引入】闪电是大家非常熟悉的一种自然现象。俗话说"一场雷雨一场肥",雷雨过后,人们发现庄稼的长势非常好,叶子绿油油的,就像刚施了氮肥一样。那么雷雨生成了什么肥料?又是怎样生成的呢?	观看、倾听、思考、进入学习状态。 阅读思考、小组交流、汇报结果: 1.主要形式 (1)游离态→化合态 ①豆科植物根部的根瘤菌,把空气中的氮气转变为硝酸盐等含氮化合物。	通过情感体验,产生驱动力,使学生进入学习状态,培养学生通过阅读分析归纳总结的能力。

第四章 元素及其化合物教学案例研究

续表

教师活动	学生活动	设计意图
现在我们来共同学习本节课氮的循环。 【阅读指导】阅读课本相关内容,并思考: 1.自然界中氮循环有哪些形式? 2.氮循环中涉及哪些含氮物质? 【板书】(学生汇报时有意识地根据氮的化合价升降顺序书写) 【展示】 1.主要形式 (1)游离态→化合态 (2)化合态→游离态 (3)化合态→化合态 2.含氮物质 铵盐、NH_3、N_2、氮氧化物、HNO_3、硝酸盐	② 放电条件下,与氧气结合为氮氧化合物,并随降水进入土壤和水体中。 ③ 合成氨工厂、汽车发动机都可以将一部分氮气转化成化合态。 (2)化合态→游离态:硝酸盐在某些细菌作用下转化成氮气。 (3)化合态→化合态:化石燃料燃烧、森林和农作物枝叶燃烧所产生的氮氧化合物通过大气进入陆地和海洋,进入氮循环。 2.氮循环涉及含氮物质 N_2、氮氧化物、HNO_3、硝酸盐、NH_3、铵盐。	

(二)微观本质

【学习任务2】认识 N_2 的性质,理解并掌握物质结构、性质、用途之间的联系。

【评价任务2】评价并发展学生探究问题、解决问题、实验观察与动手的能力。

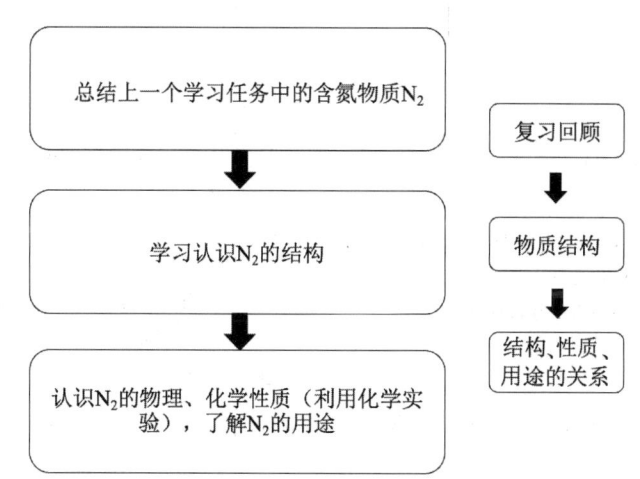

图4-9 学习任务2教学流程

教师活动	学生活动	设计意图
【讲述】氮循环中涉及的含氮物质,就是氮元素的典型物质。在学习某一元素时,必须把这种元素的典型物质、所属类别、所呈现的化合价联系起来。 【板书】典型物质、所属类别(物质通性)、元素化合价(氧化性、还原性)	倾听、思考 思考、描述、补充 思考、讨论、交流 认真听讲,做笔记	进一步明确学习、研究元素及其化合物的方法和基本思路。

续表

教师活动	学生活动	设计意图
【过渡】下面我们来学习氮元素的单质——氮气。氮气大家并不陌生,为什么呢?因为空气中含有大量的N_2,N_2占空气的78%(体积分数)。 【提问】请一位同学来描述一下氮气的物理性质。 【展示】 一、氮气 1. 物理性质 无色、无味的气体,难溶于水,比空气轻(很接近)。 【设疑】 (1) 如何判断相同状况下气体密度的大小? (2) 空气中N_2的质量分数是多少?(列出计算式) 【展示】 (1) 依据气体相对分子质量大小来判断。 (2) $\dfrac{0.78\ mol \times 28\ g/mol}{1\ mol \times 29\ g/mol}$	倾听思考回答	通过问题再现知识培养学生探究问题的素养,学以致用。
2. 化学性质 【讲述】我们重温一下研究元素的方法和思路。 (元素的典型物质→所属类别→通性;元素化合价→氧化性、还原性。) 【预测】氮气的化学性质。 1. 非金属通性 (1) 与金属反应 (2) 与非金属反应(H_2、O_2) 2. 氧化性和还原性 【讲述】物质的性质是由物质的结构决定的。氮气分子的结构我们可以在课本P74中查到。 【强调】共用三对电子,具有很高的能量。 【展示】 2. 化学性质 通常状况,不活泼。一定条件,与Mg、H_2、O_2反应。 (1) 与金属镁反应 【播放】镁在N_2中燃烧。 【展示】$3Mg + N_2 = Mg_3N_2$ $Mg_3N_2 + 6H_2O = 3Mg(OH)_2 + 2NH_3\uparrow$	回忆、回答 思考、交流、讨论、回答 阅读、思考 倾听、思考 观看、思考,书写有关化学方程式 做笔记	明确学习元素及其化合物的方法和基本思路。 通过问题再现知识,学以致用。 追根溯源,培养学生观察能力、实验能力。
(2) 与非金属反应(H_2、O_2) 【播放】N_2与O_2放电实验。 【展示】 ① 与氧气反应 $N_2 + O_2 = 2NO$,$2NO + O_2 = 2NO_2$	观看、思考,书写有关化学方程式 阅读、思考	培养学生观察能力,完善知识。

第四章 元素及其化合物教学案例研究

续表

教师活动	学生活动	设计意图
② 与氢气反应 $N_2 + 3H_2 \xrightleftharpoons[催化剂]{高温、高压} 2NH_3$（工业合成氨） 【阅读指导】课本 P75 中有关可逆反应。 【过渡】无论 N_2 与 H_2 反应生成 NH_3，还是 N_2 与 O_2 反应生成 NO，都是将游离态氮转化为化合态氮，这个过程叫作氮的固定，简称固氮。		
【展示】3. 氮的固定 氮的固定 $\begin{cases} 自然固氮 \begin{cases} 高能固氮 \\ 生物固氮 \end{cases} \\ 人工固氮 \begin{cases} 合成氨 \\ 仿生固氮等 \end{cases} \end{cases}$ 【展示】生物固氮和工业固氮图片。 【过渡】物质的性质决定物质的用途，N_2 有哪些用途？ 【播放】氮气的用途。 【展示】 4. 氮气的用途	回忆、回答 思考、交流、讨论、回答 阅读、思考	通过问题再现知识，学以致用。

（三）实践与技能

【学习任务3】认识 NO、NO_2 的性质与用途，掌握简单计算。

【评价任务3】评价并发展学生应用知识的实践能力和学生系统学习、独立思考、团队合作的能力。

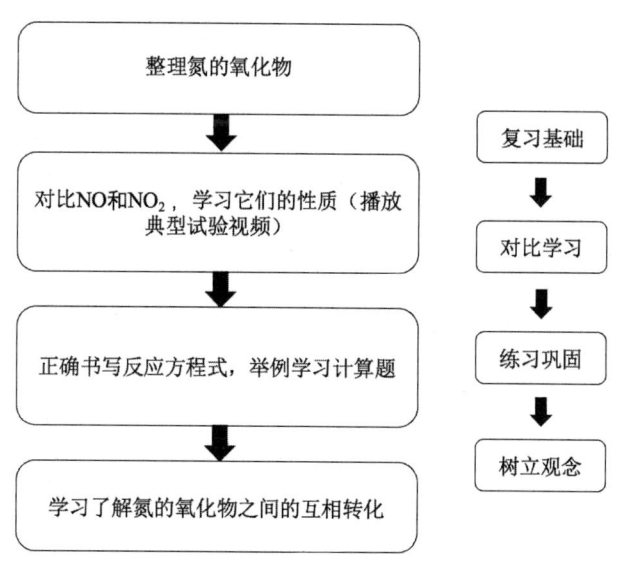

图 4-10 学习任务 3 教学流程

教师活动	学生活动	设计意图
【过渡】氮在自然界的循环过程中有氮的氧化物产生。氮的氧化物种类很多，如 N_2O、NO、N_2O_3、NO_2、N_2O_4、N_2O_5 等。请标注出这些氮氧化物中氮元素的化合价。 【讲述】氮元素主要化合价有 $-3、0、+1、+2、+3、+4、+5$。 【设问】NO 和 NO_2 是最常见的氮氧化物，大家想一想，用什么方法来学习？ |	NO	NO_2
颜色		
气味		
状态		
溶解性		
毒性		
化性		
其他		| 【课堂练习】用表格比较 NO 和 NO_2。 【展示并评价】 二、一氧化氮和二氧化氮 【播放】NO_2 溶于水实验。 【课堂练习】用图示表示含氮物质的转化关系。 【展示并评价】 Mg_3N_2　　　　　　　　N_2O_4 ↑↓　　　　　　　　　　↑↓ NH_3←—N_2—→NO—→NO_2—→HNO_3	动手练习 比较 阅读、思考、 动手、讨论、 合作、展示	复习化合价，明确氮元素的主要化合价。 明确学习方法。 培养学生搜集信息、处理信息能力，独立思考与小组合作能力。 知识系统化。 培养学生归纳总结，并将知识系统化、网络化能力。
【展示】典型计算——氮氧化物溶于水的有关计算。 《导与练》听课手册P36。 【强调】有关反应方程式。 $3NO_2 + H_2O = 2HNO_3 + NO$ $4NO + 3O_2 + 2H_2O = 4HNO_3$ $4NO_2 + O_2 + 2H_2O = 4HNO_3$ 【强调】"先定性后定量"原则。 【拓展】将题中 NO 改为 NO_2，剩余气体是什么？体积为多少？ 【结课】 本节学习目标： 1.氮的固定　　　　　　2.N_2、NO、NO_2 的性质及转化关系 3.氮氧化物溶于水的有关计算 本节学习方法： 1.结构决定性质、性质决定用途　2.学习物质性质的方法 3.比较法　　　　　　　4.知识网络化 5.先定性后定量	书写有关方程式，分析化学反应原理，并进行计算。 分析化学反应原理，并进行计算。 倾听、明确、强化、巩固。	明确并强化"先定性后定量"原则。 思维发散、一题多变。 明确学习目标、强化学习方法。

【案例评析】

本节课通过氮在自然界中的循环,引出多种含氮元素物质的性质及其转化,实现对含氮元素物质的整体认识。通过模拟闪电固氮和氨气的生成与转化实验,促使学生从物质类别和元素价态两个角度认识氮及其化合物的性质和应用,发展学生宏观辨识与微观探析的化学学科核心素养。通过了解人类活动对氮循环的影响,让学生树立环境保护的意识,发展学生社会责任的学科核心素养。

本案例教学过程有以下特色:

(1)以问题情境为导向,以实验为基础,培养学生学科核心素养

本案例基于生产生活实际,设置了多个问题情境,如通过播放"一场秋雨一场肥"视频,引导学生们探讨自然界的氮循环中涉及的物质以及这些物质主要的存在形式,培养学生的分析问题能力。并且学生通过开展模拟闪电固氮实验,以"氮的固定"为线索和途径进一步认识氮及其化合物的化学性质,了解含氮元素物质的转化,从而发展学生宏观辨识与微观探析、证据推理的学科核心素养。

(2)注重培养学生学习元素化合物的认知方法

在整个教学过程中,教师注重引导学生重温与深化元素化合物知识的方法:原子结构→元素化合价→元素的典型物质→物质结构→同类物质的性质→物质的应用,培养学生从元素、原子、分子水平认识物质的组成、结构、性质和变化的能力,形成"结构决定性质,性质决定用途"的观念。

第三节 金属材料教学案例研究

"金属材料"第1课时教学设计

教材连接:普通高中教科书《化学》必修第一册(人民教育出版社,2019年)。
主要内容:铝、氧化铝、氢氧化铝和其他金属材料的性质和应用。

【案例描述】

一、教学与评价目标

(一)教学目标

1.通过对铝、氧化铝、氢氧化铝化学性质的探究,了解铝、氧化铝、氢氧化铝的两性,认识到铝及其重要化合物在化学性质上与其他常见金属及其化合物的不同,能基于证据对物质的组成、结构及其变化提出可能的假设,通过分析推理加以证实或证伪,建立对两性物质认识的模型。

2.通过对不锈钢不易腐蚀原理的认识,进一步体会金属性质与金属材料自身属性的密切联系,能对与化学有关的社会问题做出正确的价值判断,深刻理解化学与社会之间的关系。

(二)评价目标

1.通过实验探究铝、氧化铝、氢氧化铝的性质,诊断并发展学生的实验探究水平(定性水

平、实验探究水平)。

2. 引导学生运用观察、比较、分类、实验等方法来研究物质的性质,厘清观点、结论和证据之间的逻辑关系,揭示现象背后的本质和规律(证据推理能力)。

3. 从最常见的铝合金到不锈钢、金、银、铜的应用,再到"21世纪的金属——钛",从生活中的应用到高科技领域中的应用,从历史上的应用到当今社会中的应用,体现了金属材料应用的广泛性。这样多角度、多层面、大视野的介绍,使学生深刻体会化学学科的重要性,诊断并发展学生对化学价值的认识水平(学科价值视角、社会价值视角、学科和社会价值视角)。

二、教学与评价思路

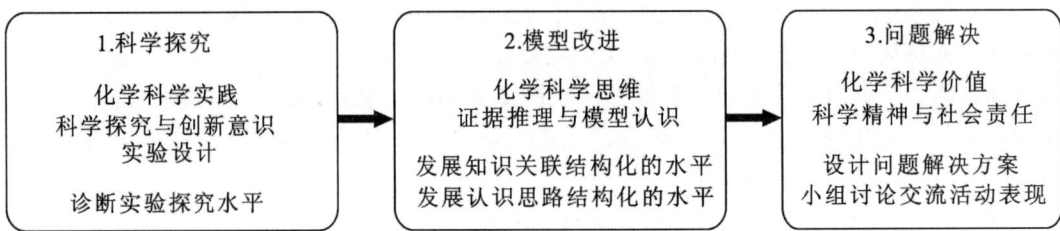

图 4-11 铝金属材料教学与评价思路示意图

三、教学流程

(一)科学探究

【学习任务1】铝与铝的化合物。

【评价任务1】诊断并发展学生实验探究水平和宏观认知意识(宏观辨识、变化观念、实验探究、定性水平)。

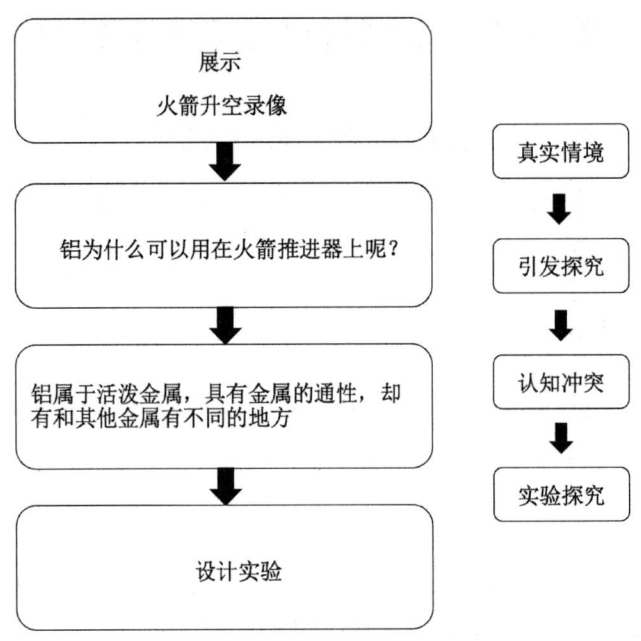

图 4-12 学习任务1教学流程图

第四章 元素及其化合物教学案例研究

教学环节	教学内容	教学活动		设计理念
		教师活动	学生活动	
引入新课		播放火箭升空的录像。 提问:铝为什么可以用在火箭助推器上呢?	观看、倾听、思考	激发学生的学习兴趣。
学习任务1:铝及其化合物的性质	铝的物理性质、化学性质	展示:铝制品 提问:铝作为一种金属,它可能具有哪些性质?铝是一种重要的金属材料,这可能与它具有的哪些性质有关? 归纳总结:金属的通性 (1)物理性质 (2)化学性质	从钠、镁、铁等具体金属着手,对他们所具有的性质比较分析,总结出金属单质具有的一般性质。	引导学生学会正确的思维方式、进行合理的推断,培养学生的类比、归纳、分析的能力。
	铝和非金属单质反应 铝热反应	展示:铝制品在生活中的用途 过渡:铝的性质对用途起很大作用。这节课我们一起探讨铝的性质。 【提问】小组讨论结果,预测了铝可能和哪些物质发生反应,推测它具有哪些化学性质。 我们通过实验来验证铝的化学性质。 1.与非金属的反应 【演示实验】 铝和氧气的反应 将铝箔放入纯氧中点燃 【问题解决】 火箭助推器利用铝氧化时产生的热来引发高氯酸铵分解,产生高温高压气体,产生推力。 【引导】根据金属活动性顺序表,铝比铁活泼,但铝为什么不像铁那样容易被空气腐蚀? 【小结】铝不但可以与氧气反应,还能与其他非金属单质反应。(如Cl_2、S等)。 【演示实验】铝热反应 【追问】该现象说明什么?	小组讨论,类比归纳出铝的物理性质,预测铝的化学性质,可能发生的反应。 观察实验现象、思考分析实验现象并讨论得出结论。 【讨论】铝制品表面可形成一层致密的氧化物薄膜,具有抗腐蚀性。 观察实验现象、思考分析实验现象并讨论得出结论。	结合生活实例,体会学科价值。在实验中发现特殊现象,激发学生求知欲,引出新知识。 通过比较,使学生认识到反应条件的重要性。

续表

教学环节	教学内容	教学活动		设计理念
		教师活动	学生活动	
学习任务1：铝及其化合物的性质	铝和非金属单质反应	【设问】该反应称为铝热反应，铝热反应在实际生产中有什么应用？ 【展示】(1)制备某些高熔点金属单质 (2)焊接钢轨 【拓展】铝和Fe_3O_4、Cr_2O_3的反应	思考并观看案例	体会化学的社会价值。
	铝和酸、碱、盐的反应	【交流研讨】 根据铝锅在日常生活中使用的注意事项回答问题： 及时取出食物以免残留的食物尤其是酸性或碱性物质腐蚀锅体。 注意事项中体现了铝的哪些性质？ 【引导】引导学生设计实验，验证铝可以与酸、碱、盐反应的预测 【思考】为什么可以用铝罐车运浓硫酸、浓硝酸？ 【强调】常温下铝在浓硫酸、浓硝酸中像铁一样钝化，生成一层致密的氧化膜。	讨论实验方案 分组实验 阐释实验现象 得出实验结论	形成严谨的科学态度。
	$Al(OH)_3$的性质	探究$Al(OH)_3$的性质，指导学生制备$Al(OH)_3$： 指导学生完成制备$Al(OH)_3$实验，及时纠正错误的实验操作。 引导学生记录实验现象，并分析现象。 展示：胃舒平的使用说明书。	学生分别用铝盐与$NH_3 \cdot H_2O$或NaOH制备$Al(OH)_3$，预测$Al(OH)_3$与HCl可以反应。 分组实验，探究$Al(OH)_3$与盐酸、碳酸的反应，记录并分析实验现象。	加强学生间的交流，激发学生的学习兴趣。 培养学生化学学科素养。
	$Na[Al(OH)_4]$的性质	引导学生分析没有成功制备$Al(OH)_3$的原因，分析此时溶液中的溶质。 演示实验：向$Na[Al(OH)_4]$溶液中滴加盐酸。	得出溶液中的溶质是$Na[Al(OH)_4]$。 观察实验现象，得出实验结论。	培养学生宏观辨识与微观探析能力。

第四章 元素及其化合物教学案例研究

续表

教学环节	教学内容	教学活动		设计理念
		教师活动	学生活动	
学习任务1:铝及其化合物的性质	Al₂O₃的性质	展示 Al₂O₃ 的实物图片,回顾:铝的表面有氧化铝薄膜,展示铝制品使用说明书中的注意事项。	学生结合图片与日常生活中的经验,总结 Al₂O₃ 的物理性质。学生从注意事项中得知 Al₂O₃ 既能与酸反应,又有可能与碱反应。	提高学生分析归纳能力,培养学生学习的主体意识。
	铝合金及其制品	引导学生阅读材料。回答问题:铝合金的优越性。铝合金的用途。	阅读材料回答问题	结合实际,让学生体会化学学科价值。

(二)模型改进

【学习任务2】金属与金属材料。

【评价任务2】诊断并发展学生对金属性质的认识(元素水平)。

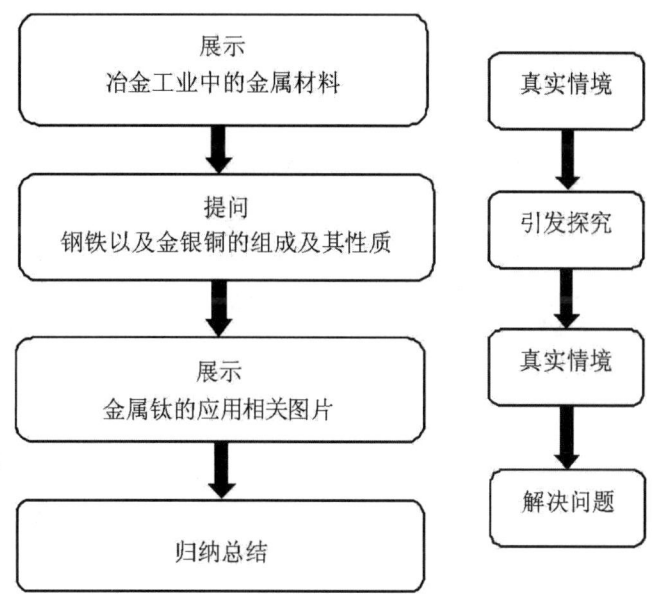

图4-13 学习任务2教学流程图

教学环节	教学内容	教学活动		设计理念
		教师活动	学生活动	
学习任务2	金属与金属材料	除了金属铝,人们在生产、生活中还要用到大量的其他金属材料。冶金工业上,常把金属材料分为黑色金属材料和有色金属材料两类。现在请大家阅读材料,思考以下问题: 1. 钢铁的组成及其性质。 2. 金、银、铜的性质及用途。 金属材料的使用并不仅仅局限于我们熟悉的金、银、铜、铁、铝这几种,有很多其他的金属现已被广泛应用。如金属钛被誉为"21世纪的金属"。 展示:金属钛的应用图片。	阅读思考 回答问题	丰富学生对金属元素的认识,通过分析物质组成,学习物质性质。 发展知识关联结构化的水平 发展认识思路结构化的水平 拓展学生知识,增加教材的广度。

(三)问题解决

【学习任务3】运用金属的性质,解决生活中的常见问题。

【评价任务3】诊断并发展学生对化学价值的认识水平(学科价值视角、社会价值视角、学科和社会价值视角)

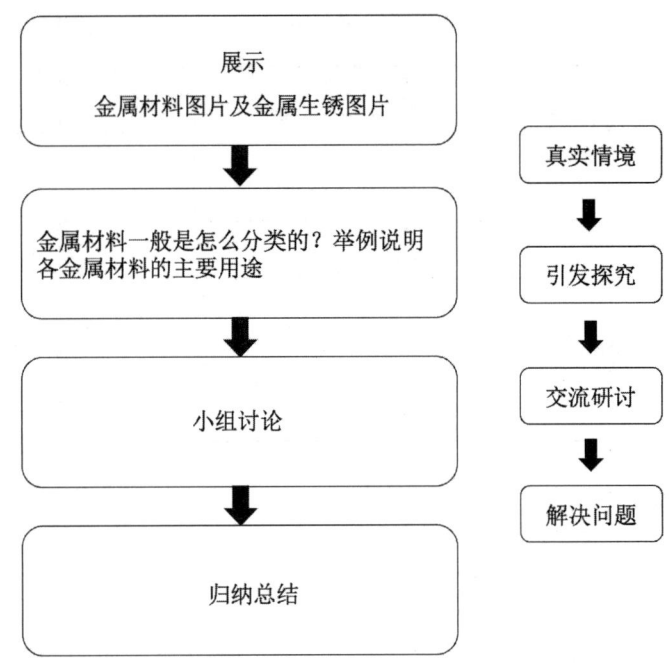

图4-14 学习任务3教学流程图

第四章 元素及其化合物教学案例研究

教学环节	教学内容	教学活动		设计理念
		教师活动	学生活动	
学习任务3	问题解决	展示:金属材料图片 金属生锈图片 提问:金属材料一般是怎么分类的?举例说明各类金属材料的主要用途。 如何防治金属生锈?	分小组讨论 归纳总结	培养学生合作意识。 体会化学学科价值、科学精神与社会责任。

(四)教学反馈

1. 铝的下列用途主要体现铝的物理性质的是( )

①家用铝锅 ②可以作为盛浓硝酸的容器 ③制导线 ④焊接钢轨 ⑤用于包装的铝箔 ⑥炼钢的脱氧剂 ⑦做防锈油漆

A. ①②③④　　　B. ⑥⑦　　　C. ①③⑤　　　D. ②④⑥

2. 下列有关厨房铝制品的使用中,你认为合理的是( )

A. 盛放食醋　　　　　　　　B. 烧煮开水

C. 用金属丝擦洗表面的污垢　　D. 用碱水洗涤

3. 属于铝热反应的是( )

A. $Al + HCl$　　B. $Al + H_2SO_4$　　C. $Al + MgO$　　D. $Al + WO_3$

4. 相对于铁制品,铝制品在空气中不易被锈蚀,原因是( )

A. 铝的金属性比铁弱

B. 铝的密度比铁的密度小

C. 铝在空气中易与氧气形成一层致密的氧化膜

D. 铝不能与氧气发生化学反应

5. 除去镁粉中含有的少量铝粉,可选用的试剂是( )

A. 盐酸　　　B. NaOH 溶液　　　C. 硝酸　　　D. 氨水

【案例评析】

该案例以化学学科核心素养为导向,以实验探究为载体,教学过程中注重情境的创设,注重学生新旧知识的迁移与运用、问题解决能力的培养,利用"素养""情境""问题"和"知识"四个要素在教学目标达成过程中的相互联系,构建了以化学学科核心素养为导向的教学框架。

整个教学过程有以下特色:

(1)利用问题情境,激发学习兴趣

本节课突出问题情境的创设和实验探究活动的设计,如:在讲解铝的化学性质时,以用铝罐车运送浓硫酸的原因等为情境;在讲解氢氧化铝的性质时,从胃舒平的使用说明书导入;在讲解氧化铝的性质时,以使用铝锅的注意事项为情境,激发学生的学习兴趣,发展学生宏观辨识与微观探析的学科核心素养。

(2)有效结合多种教学方式

本节课主要采用实验、探究、启发的教学方法,目的是让学生对铝及其化合物的性质认识的更深入、更透彻。同时,提高学生分析问题、解决问题的能力。对于铝的物理性质及与酸、碱的反应,采用联系生活实际、新旧知识对比的方法,可以提高学生知识迁移、拓展的能力。对于铝与氧气的反应及铝热反应,主要采用实验探究的方法,目的是培养学生的实验探究与创新能力。对于氧化铝、氢氧化铝的两性,以及铝盐的性质,主要采用实验探究与验证的方法,目的是培养学生的实验探究与创新能力、证据推理与模型认知的化学学科核心素养。

第四节 含硅矿物与信息材料教学案例研究

"含硅矿物与信息材料"教学设计

教材连接:普通高中课程标准实验教科书《化学1》必修(江苏教育出版社,2009年)。

主要内容:硅、二氧化硅、硅酸以及硅酸盐的结构、性质和应用;硅及其化合物的相互转化。

【案例描述】

一、教学与评价目标

(一)教学目标

1.通过探究含硅矿物宏观性质与微观结构的关联,认识含硅矿物的微观结构特点。

2.通过实验探究硅酸凝胶制备及其阻燃性能,理论探究粗硅提纯实验方案,巩固物质性质、物质转化的认知模型。

3.通过体会含硅材料在人类文明发展历程中的重要作用,发展对化学价值的认识水平。

4.通过感受古代繁荣的陶瓷文化与信息时代我国核心科技的不足,增强科技文化自信,提升社会责任感。

5.通过科幻电影中对星际空间硅基生命的探索,反思碳、硅元素及化合物性质的差异,从化学视角推测硅基生命存在与否的理论依据,发展创新意识。

(二)评价目标

1.通过探究含硅矿物宏观性质与微观结构的关联,诊断并发展学生宏观辨识与微观探析的能力。

2.通过实验探究硅酸凝胶制备及其阻燃性能,理论探究粗硅提纯实验方案,巩固物质性

第四章 元素及其化合物教学案例研究

质、物质转化的认知模型,诊断并发展学生基于物质类别、价态实现物质转化的变化观念。

3.通过系统体悟含硅材料在人类文明发展历程中的重要作用,彰显化学物质、化学技术在生产生活中的重大贡献,诊断并发展学生对化学价值的认识水平。

4.通过古代繁荣的陶瓷文化与信息时代我国核心科技不足的对比,激励学生既要从传统繁荣文化中建立自信,又要面对现代核心科技缺失,增加社会责任感。

5.通过科幻电影中对星际空间硅基生命的探索,引导学生反思碳、硅元素及化合物性质的差异,从化学视角推测硅基生命存在与否的理论依据,诊断并发展学生的创新意识。

【教学重点】

硅酸钠的结构、性质与应用;硅酸及硅酸盐材料制取;粗硅提纯。

【教学难点】

含硅矿物的宏观性质与其微观结构之间存在的内在联系。

二、教学与评价思路

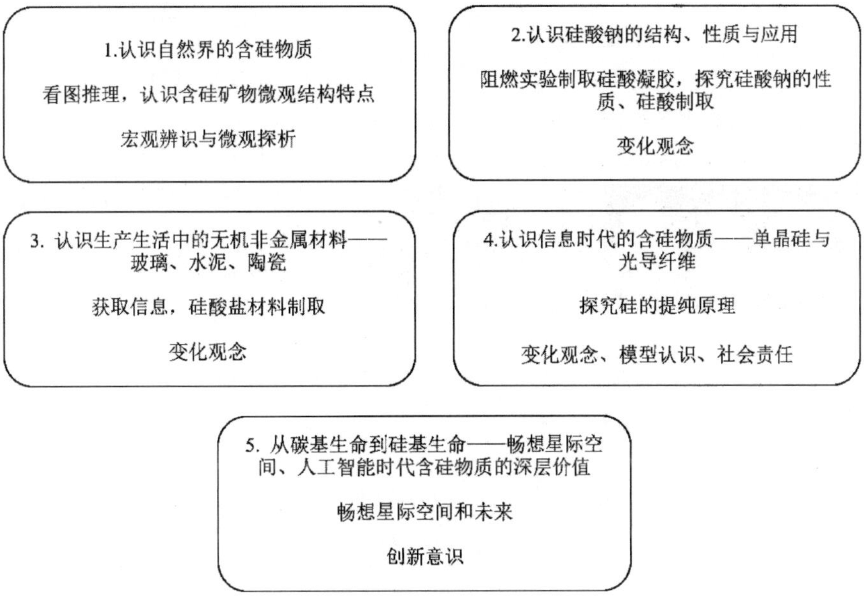

```
┌─────────────────────────┐   ┌─────────────────────────┐
│ 1.认识自然界的含硅物质    │   │ 2.认识硅酸钠的结构、性质与应用│
│  看图推理,认识含硅矿物   │   │  阻燃实验制取硅酸凝胶,探究 │
│  微观结构特点            │   │  硅酸钠的性质、硅酸制取    │
│  宏观辨识与微观探析       │   │  变化观念                │
└─────────────────────────┘   └─────────────────────────┘

┌─────────────────────────┐   ┌─────────────────────────┐
│ 3.认识生产生活中的无机非  │   │ 4.认识信息时代的含硅物质—— │
│  金属材料——玻璃、水泥、 │   │  单晶硅与光导纤维         │
│  陶瓷                   │   │  探究硅的提纯原理          │
│  获取信息,硅酸盐材料制取 │   │  变化观念、模型认识、社会责任│
│  变化观念                │   │                          │
└─────────────────────────┘   └─────────────────────────┘

        ┌─────────────────────────┐
        │ 5.从碳基生命到硅基生命——│
        │  畅想星际空间、人工智能   │
        │  时代含硅物质的深层价值   │
        │  畅想星际空间和未来       │
        │  创新意识                │
        └─────────────────────────┘
```

图4-15 教学与评价思路

三、教学流程

(一)认识自然界的含硅物质

【学习任务1】自然界的含硅物质及其结构。

【评价任务1】通过探究含硅矿物宏观性质与微观结构的关联,诊断并发展学生宏观辨识与微观探析的能力。

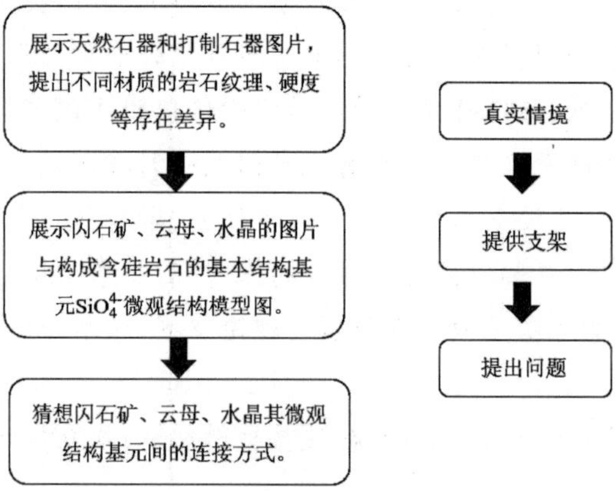

```
┌─────────────────┐
│展示天然石器和打制石器图片,│
│提出不同材质的岩石纹理、硬度│        ┌──────────┐
│等存在差异。     │        │ 真实情境 │
└────────┬────────┘        └─────┬────┘
         ↓                       ↓
┌─────────────────┐        ┌──────────┐
│展示闪石矿、云母、水晶的图片│        │ 提供支架 │
│与构成含硅岩石的基本结构基│        └─────┬────┘
│元SiO₄⁴⁻微观结构模型图。│              ↓
└────────┬────────┘        ┌──────────┐
         ↓                 │ 提出问题 │
┌─────────────────┐        └──────────┘
│猜想闪石矿、云母、水晶其微观│
│结构基元间的连接方式。│
└─────────────────┘
```

图 4-16 学习任务 1 教学流程

教学内容	教学活动		设计意图
	教师活动	学生活动	
认识自然界的含硅物质	【创设情境,提出问题】前 300 万年—前 5000 年,原始人使用的天然石器和打制石器如图所示。 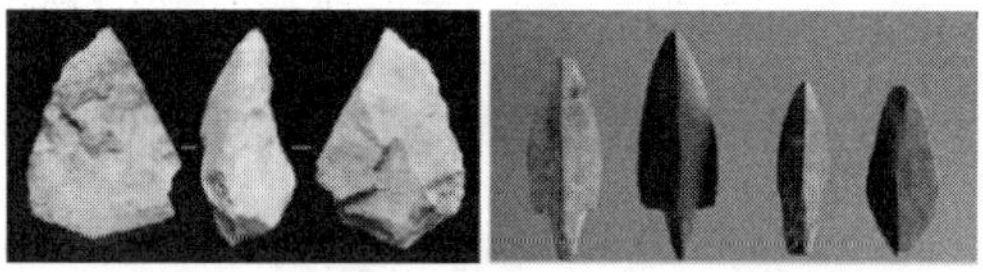 问题1:古人在制造石器时根据其功能会选择不同材质的岩石,自然界的岩石其纹理、硬度等均存在巨大差异,推测其原因是什么?	【学生探讨,交流想法】学生基于已有的经验——"结构决定性质"做出推测,宏观性质的差异源自构成岩石微粒微观结构的差别。	将教学素材置于历史人文场景中,渲染学科教学的文化价值。从具有历史感的石器到现代化学研究中的物质结构,从实际问题到化学问题,从宏观现象到微观结构,形成和发展学生的化学想象力,建立宏-微关联分析的具体思路。通过"内在微观结构与外在宏观现象"的关联,深化"结构决定性质"的学科观念,诊断并发展学生宏观辨识与微观探析的化学学科核心素养。
	【提供支撑,逐步深入】展示闪石矿、云母、水晶的图片以及构成含硅岩石的基本结构基元微观结构模型图。 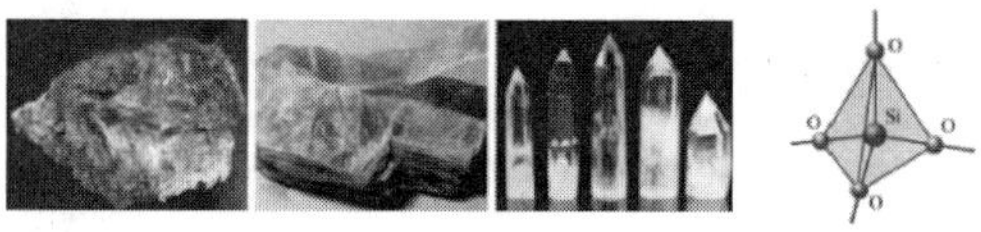 问题2:你能想象闪石矿、云母、水晶其微观结构基元间的连接方式吗? 展示岩石中结构基元三种不同的连接方式。 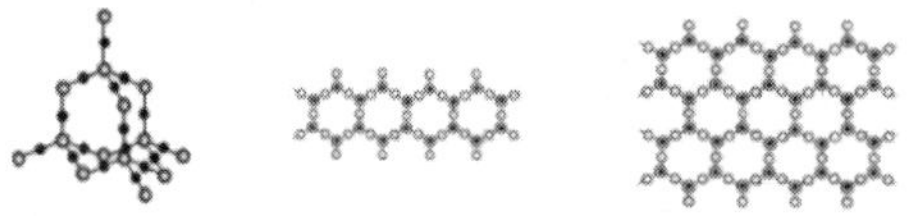 问题3:你能将闪石矿、云母、水晶与上述三种微观结构进行匹配吗?说明匹配的依据。	【学生探讨,交流想法】学生尽管尚不具备晶体中微粒堆积方式的知识基础,但基于宏观特征,能精准推测闪石矿具有链状结构、云母具有层状结构、水晶具有空间立体网状结构的微观结构特点。	

第四章 元素及其化合物教学案例研究

(二)认识硅酸钠的结构、性质与应用

【学习任务2】硅酸钠的结构、性质与应用。

【评价任务2】通过实验探究硅酸凝胶制备、阻燃性能,粗硅提纯实验方案,巩固物质性质、物质转化的认知模型,诊断并发展学生基于物质类别、价态实现物质转化的变化观念。

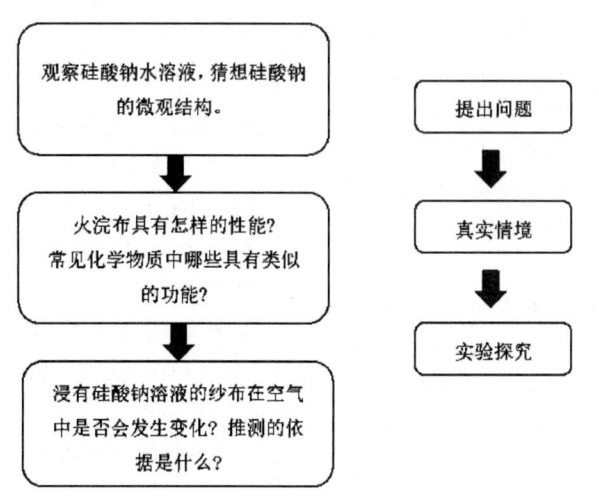

图4-17 学习任务2教学流程

教学内容	教学活动		设计意图
	教师活动	学生活动	
认识硅酸钠的结构、性质与应用	【创设情境,提出问题】展示最简单的硅酸盐——硅酸钠的水溶液,用玻璃棒蘸取,观察。 问题4:硅酸钠溶液为什么呈黏稠状?你能猜测其微观结构吗?说明依据。	【学生探讨,交流想法】学生从生活经验知道,硅酸钠溶液外观与蛋清相似,玻璃棒蘸取时容易形成丝状,推测其可能具有与蛋白质分子类似的长链结构。	通过古籍中的火浣布创设情境,设置悬疑,诱发学生好奇心,渗透古代化学史知识;通过对硅酸钠形态、性质的研究,基于物质分类进行有依据的预测,设计实验进行有目的的验证;运用物质转化的原理进行分析,运用化学用语表征物质的变化实质。依托该片段,诊断并发展学生的科学探究素养。
	【创设情境,提出问题】古籍《列子书》记载:"火浣之布,浣之必投于火,布则火色,垢则布色。出火而振之,皓然疑乎雪。" 问题5:火浣布具有怎样的性能?常见化学物质中哪些具有类似的功能?	【实验探究】对比实验:(1)普通纱布于硅酸钠溶液中浸泡,空气中晾干;(2)分别取普通纱布、浸泡过硅酸钠溶液的纱布,传给学生观察、触摸;(3)将两种纱布同时在两盏酒精灯火焰上点燃,观察现象。 【学生探讨,交流结果】浸泡过硅酸钠溶液的纱布柔韧性变差,且不容易燃烧(对于阻燃的物质是硅酸钠还是其他物质难以确定,需要教师提供材料支撑)。	

续表

教学内容	教学活动		设计意图
	教师活动	学生活动	
认识硅酸钠的结构、性质与应用	问题6:浸有硅酸钠溶液的纱布在空气中是否会发生变化?推测的依据是什么?你能设计实验证实你的推测吗? 【描述解释,符号表征】塑料瓶迅速变瘪,澄清溶液变透明凝胶状,硅酸钠转化成了硅酸凝胶,证实推测合理,书写反应的离子方程式。 【释疑解惑】硅酸钠本身阻燃,转化成硅酸凝胶后会堵塞材料的毛细孔,并在材料表面形成连续的封闭膜,硅酸在高温下分解生成熔点更高的 SiO_2 亦具有阻燃性能。古代的火浣布材质其实就是硅酸盐材料——石棉纤维纺织而成,利用了硅酸盐良好的耐高温性能。	【学生探讨,设计方案】根据硅酸钠的物质类别,推测与空气中的 CO_2 发生反应生成了硅酸。可向硅酸钠溶液中充入 CO_2 进行验证。 【实验实证】在充满 CO_2 的矿泉水瓶(500 mL)中注入约10 mL饱和硅酸钠溶液,拧紧瓶盖,迅速振荡,观察现象。	

(三)认识生产生活中的无机非金属材料——玻璃、水泥、陶瓷

【学习任务3】无机非金属材料——玻璃、水泥、陶瓷。

【评价任务3】通过系统体悟含硅材料在人类文明发展历程中的重要作用,彰显化学物质、化学技术在生产生活中的重大贡献,诊断并发展学生对化学价值的认识水平。

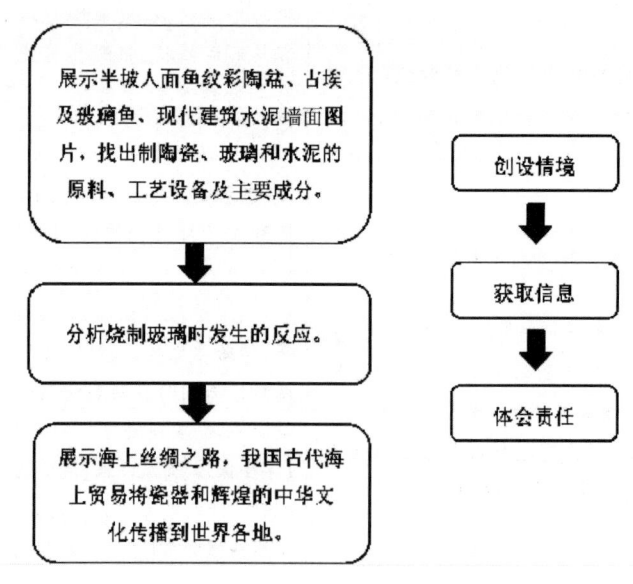

图4-18 学习任务3教学流程

第四章 元素及其化合物教学案例研究

教学内容	教学活动		设计意图
	教师活动	学生活动	
认识生产生活中的无机非金属材料——玻璃、水泥、陶瓷	【创设情境,设置任务】前4500年—近代,展示半坡人面鱼纹彩陶盆、古埃及玻璃鱼、现代建筑用水泥图片。阅读课本,找出制陶瓷、玻璃和水泥的原料、工艺设备及主要成分。	【学生阅读,获取信息】通过阅读文本,梳理出生产陶瓷、玻璃、水泥所需的原料、设备等信息。	在历史背景中,设计阅读、讨论活动,引导学生体会化学与生产、生活的关联,体会化学对改善人类生活条件、推进文化繁荣、促进社会发展的贡献,激发学生对化学学科巨大社会价值的认同感。
	问题7:结合原料和玻璃成分分析,烧制玻璃时发生了怎样的反应?尝试写出反应的化学方程式。		能从化学视角,结合物质类别,分析物质转化的规律,解决生产实际问题,诊断并发展学生的变化观念核心素养。
	【创设情境,孕育情怀】图片展示海上丝绸之路,我国古代海上贸易将瓷器和辉煌的中华文化传播到世界各地。		通过陶瓷和文化的融合,展现我国古代科技、文化的辉煌,激发学生的民族自豪感,树立文化自信。

(四)认识信息时代的含硅物质——单晶硅与光导纤维

【学习任务4】认识信息时代的含硅物质——单晶硅与光导纤维。

【评价任务4】通过问题的解答和探讨,建构物质制备的认知模型,诊断并发展学生物质制备的模型建构、模型运用能力。

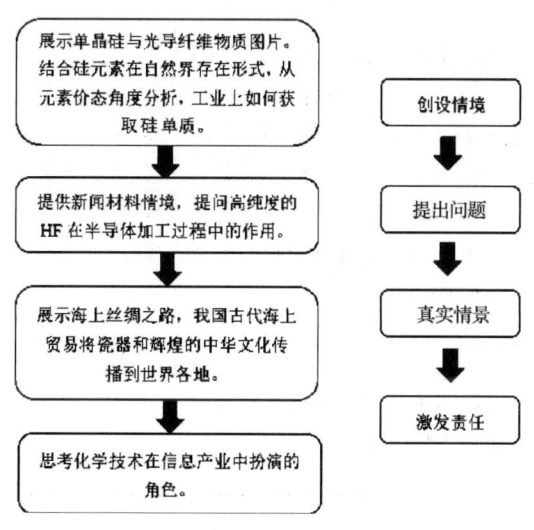

图4-19 学习任务4教学流程

教学内容	教学活动		设计意图
	教师活动	学生活动	
认识信息时代的含硅物质——单晶硅与光导纤维	【创设情境,引发思考】1956年,美国工程师基尔比发明第一块单晶硅为基材的集成电路、单晶硅切片、华为麒麟980芯片、1970年诞生的光导纤维,展示信息革命时代含硅材料的核心地位。 问题8:结合硅元素在自然界的存在形式,从元素价态角度分析,工业上如何获取硅单质?结合铁、铜的冶炼谈谈你的依据。	【学生交流,初探方案】基于已有的物质转化经验,可判断以自然界的石英为原料,选择合适的还原剂,采用热还原法将化合态的硅转变为游离态硅,但具体流程尚不明确。	引导学生学会从金属冶炼的经验进行迁移,从价态角度结合氧化还原原理,解决生产实际问题。通过问题的解答和探讨,建构物质制备的认知模型,诊断并发展学生物质制备的模型建构、模型运用能力。
	【信息支撑,完善方案】信息:(1)焦炭还原后的粗硅中还含有铁、铝、碳、硼、磷、铜等杂质;(2)硅杂质分别形成的氯化物沸点差异较大。请据此进一步细化提取流程,归纳得到物质制备认知模型。 石英 —焦炭→ 粗硅 —氯气→ 氯化物 —精馏→ $SiCl_4$ —H_2→ 纯硅 分析角度:原料→目标物质元素价态、物质类别变化 → 选择转化方法:非氧化还原或氧化还原 目标物质与杂质物理、化学性质差异 → 选择合适的试剂、工艺除去杂质 → 确定方案	【符号表征】学生书写粗硅提纯涉及的反应的化学方程式,认识物质转化的规律。	
	【创设情境,激发责任意识】链接三则新闻资料:(1)我国高性能集成电路用硅严重依赖进口;(2)美国限制对华为芯片相关技术的出口;(3)日韩贸易摩擦,日本限制高纯HF出口,对韩国半导体产业影响巨大。 问题9:高纯度的HF在半导体加工过程中的作用是什么?请用化学方程式表述原理。 问题10:对于上述三则新闻资料你有何感想?化学技术在信息产业中扮演了怎样的角色?	【符号表征】学生书写Si与HF反应的化学方程式,认识硅单质性质的特殊性。	通过新闻资料解读,引起学生反思,我国在信息技术领域落后的现状,与古代灿烂文明形成的强烈反差,激发学生对信息时代我国核心技术缺失的忧虑,增强社会责任意识。

（五）从碳基生命到硅基生命——畅想星际空间、人工智能时代含硅物质的深层价值

【**学习任务5**】畅想星际空间、人工智能时代含硅物质的深层价值。

【**评价任务5**】通过科幻电影中对星际空间硅基生命的探索，引导学生反思碳、硅元素及化合物性质的差异，从化学视角推测硅基生命存在与否的理论依据，诊断并发展学生的创新意识。

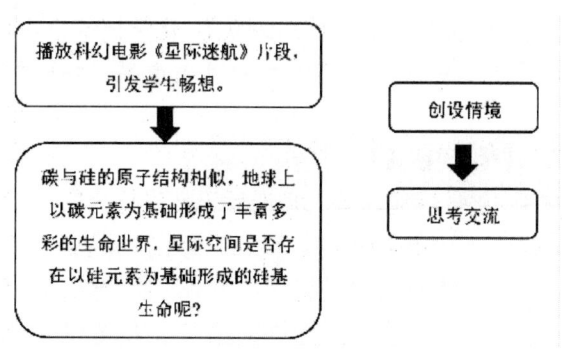

图4-20 学习任务5教学流程

教学内容	教学活动		设计意图
	教师活动	学生活动	
从碳基生命到硅基生命——畅想星际空间、人工智能时代含硅物质的深层价值	【创设情境，引发畅想】播放科幻电影《星际迷航》片段，引发学生畅想。 问题11：碳与硅的原子结构相似，地球上以碳元素为基础形成了丰富多彩的生命世界，星际空间是否存在以硅元素为基础形成的硅基生命呢？如若存在，其客观环境应该满足怎样的要求？结合硅及其化合物的性质说明你推测的依据。 硅→星际空间／人工智能→硅基生命 碳→有机质→碳基生命	思考畅想	通过科幻影片，引发学生产生与化学相关的更多的想象空间，在展现化学学科独特魅力过程中让学生体验化学学科的社会发展价值，引发对生命世界的畅想和反思。

【**案例评析**】

本节课以人类文明发展的进程为轴线，依次引出硅酸盐、硅酸、硅和二氧化硅等多种含硅元素的物质，构建基于人文背景的硅及其化合物教学方案。通过实验探究硅酸凝胶制备、阻燃性能和理论探究粗硅提纯实验方案，进一步认识硅及其化合物的性质和应用，巩固物质性质、物质转化的认知模型，发展学生基于物质类别、价态实现物质转化的变化观念。通过展示信息革命时代含硅材料的核心地位，彰显化学物质、化学技术在生产生活中的重大贡献，发展学生宏观辨识与微观探析、社会责任与创新意识的学科核心素养。

整个教学过程有如下特色:

(1)注重科学与人文的有机融合

文化基础是中国学生发展核心素养的根基,科学精神是现代人的基本品格,把这两者打通,其实就是培养"文明现代人"或"现代文明人"的教育。本节课展开的过程,师生始终处于人文磁场的吸引中,课堂轻松愉悦,思绪自然交织、碰撞。丰富的人文情境,营造了富有人文情怀的课堂氛围,有利于激发学生探索自然的欲望;化学技术进步推动人类文明前行的历史事实,让学生真切体悟科技发展对人类生活的巨大贡献,增强对学科价值、社会价值的认同。

(2)为化学反应原理教学预留接口

现行的教材编排体系,化学反应原理知识滞后于元素化合物教学,教师在进行元素化合物教学时,对于部分物质的"反常规"转化其背后的热力学原理还不能做出有效的阐释,需要为原理的教学预留接口。硅及其化合物的诸多性质有其特殊性,如:粗硅与焦炭反应为何生成 CO 而不是 CO_2? SiO_2 为何能在高温下与碳酸盐反应生成 CO_2? Si 和 SiO_2 为何能与 HF 反应? 面对这些疑惑,教师做出契合学生认知水平的合理解释,同时为今后从热力学角度解释预留空间,促进了学生的认知水平的螺旋上升。

(3)融合提问的诱导功能与评价功能

元素化合物教学中,创设情境的目的是为了引发实际问题,设置问题的价值不仅是为问题解决进行铺垫,更在于对学生的思维水平和思维质量进行诊断。教、学、评一致的教学设计与实施,评价是检测教学目标达成程度的指示剂。课堂中多次采用"你能说出……吗? 并说明理由""请设计……并说明设计依据"等评价性提问,避免了学生在课堂进行随机性无依据的低效思考。指向评价的问题,不仅为了引导、拓展学生思考化学核心知识,更能显性评价学生学科核心素养水平。

第五节 硫及其化合物教学案例研究

"硫及其化合物"教学设计

教材链接:普通高中教科书《化学》必修第二册(人民教育出版社,2019 年)。
主要内容:二氧化硫的物理性质;二氧化硫化学性质;二氧化硫的应用。

【案例描述】

一、教学与评价目标

(一)教学目标

1.通过 SO_2 的化学史实,了解其物理性质、常见用途以及在化工领域的应用。

2.通过实验探究,掌握 SO_2 的漂白性、与水和碱的反应、氧化性和还原性,培养学生观察、分析和归纳的能力,认识"通过现象解释本质"的科学本质内涵,感受化学学科的价值和意义。

3. 通过构建硫元素的价类二维图,培养学生归纳和概括知识的能力。

4. 通过了解回收硫工业和硫酸工业的原理,感受 SO_2 在工业生产中的价值,体会 SO_2 与人类关系密切。

(二)评价目标

1. 通过展示 SO_2 的化学史实,诊断并发展学生对物质及其转化思路的认识水平(孤立水平、系统水平)。

2. 通过对 SO_2 化学性质的实验探究活动,诊断并发展学生科学探究的水平(孤立水平、系统水平)。

3. 通过硫元素的价类二维图的构建,诊断并发展学生的知识结构化水平。

4. 通过展示 SO_2 的应用,提高学生对化学价值的认识水平(学科价值视角、社会价值视角)。

【教学重点】

SO_2 的漂白性、与水和碱的反应、氧化性和还原性。

教学环节	教学内容	教学活动		设计理念
		教师活动	学生活动	
导入新课		通过图片的形式展示使用二氧化硫漂白前后的草帽、红酒成分表中的二氧化硫和空气质量分析报告中的二氧化硫。 【总结】二氧化硫与我们生活关系密切。那么二氧化硫是怎么被发现和利用的呢?接下来通过几段历史资料一起认识二氧化硫。	观看多媒体上展示的图片。	激发学生的学习兴趣
学习任务1:SO_2水溶性和漂白性		【展示历史资料】硫在远古时代就被人们所知晓。大约在4000年前,埃及人已经会用硫燃烧所形成的二氧化硫来漂白布匹,古希腊和古罗马人也能熟练地使用二氧化硫来熏蒸消毒和漂白。公元前九世纪,著名古希腊诗人荷马在他的著作《荷马史诗·奥德赛》描述了硫的消毒和漂白,其中有这样的描述:"老妈妈,快去取些硫磺,去秽之物,生起火炉熏厅堂。"	观看多媒体展示的历史资料。	通过将知识与生活联系,突出生活处处有化学的理念,展示 SO_2 与人类生活生产的密切关系,再转向知识学习,符合建构主义的学习方式。
	硫与氧气反应	【提问】结合上节课关于硫的知识,在上述历史资料中硫有何化学变化?	【回答】硫在点燃的情况下与氧气反应生成二氧化硫。	

续表

教学环节	教学内容	教学活动		设计理念
		教师活动	学生活动	
学习任务1：SO_2水溶性和漂白性	硫与氧气反应	【提问】上一节课学习了硫的化学性质，知道硫能够与氧气反应生成SO_2，正如我手中这一瓶制备好的SO_2，请两位同学上来感受一下SO_2的气味，要注意正确的方法。通过直观感受和查阅课本，SO_2的物理性质有哪些？	【回答】SO_2是一种无色、有刺激性气味的有毒气体，密度比空气的大，易溶于水。在通常情况下，1体积的水可以溶解约40体积的二氧化硫。	
	SO_2与水反应	【演示实验1】将充满SO_2、塞有橡胶塞的试管倒立在水中，在水面下打开橡胶塞，观察现象，一段时间后，在水下用橡胶塞塞进试管口，用pH试纸测定管中溶液的pH。	【观察记录实验现象】试管内液面上升，pH测得溶液为弱酸性。	
		【提问】从上述实验，可以得到什么结论？	【回答】SO_2溶于水，并与水反应生成H_2SO_3，$SO_2 + H_2O \rightleftharpoons H_2SO_3$。	
	SO_2漂白性	【提问】在上述历史资料中，还有哪些关于SO_2的信息？	【回答】SO_2可以漂白。 【实验】取演示实验1得到的溶液于另一试管中，滴加几滴品红溶液，观察现象，然后加热试管，并注意通风，观察现象。 【汇报实验现象】红色褪去，加热后红色恢复。	
		【提问】从上述实验，可以得到什么结论？	【汇报实验结论】（查阅课本）SO_2具有漂白作用，但不是永久性，因为SO_2能与某些有色物质生成不稳定的无色物质，其容易恢复成原来的颜色。	
		【总结】从上述资料以及实验可以得知，SO_2具有短暂漂白性，能用于漂白布制品，古代人类已经学会使用SO_2进行消毒和漂白，但是当时人们对硫磺燃烧产生的气体并不是十分了解，缺乏更深入的理性认识，人类对SO_2的研究还在历史的长河中进行着。		

第四章 元素及其化合物教学案例研究

【教学难点】
构建硫元素的价类二维图。

二、教学与评价思路

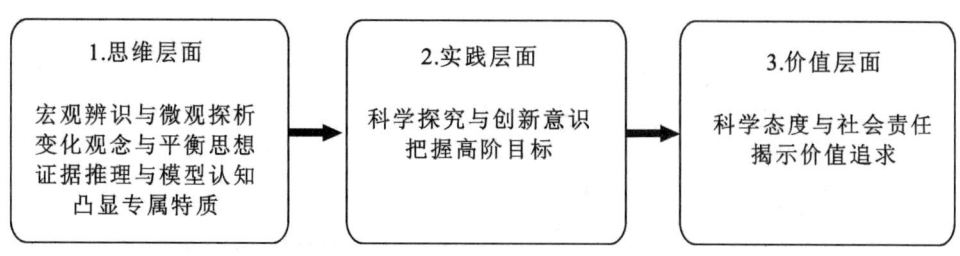

图 4-21 教学与评价思路

三、教学流程
(一)古希腊诗人荷马
【学习任务1】SO_2 水溶性和漂白性。
【评价任务1】通过探究 SO_2 宏观性质与微观结构的关联,诊断并发展学生宏观辨识与微观探析的能力。

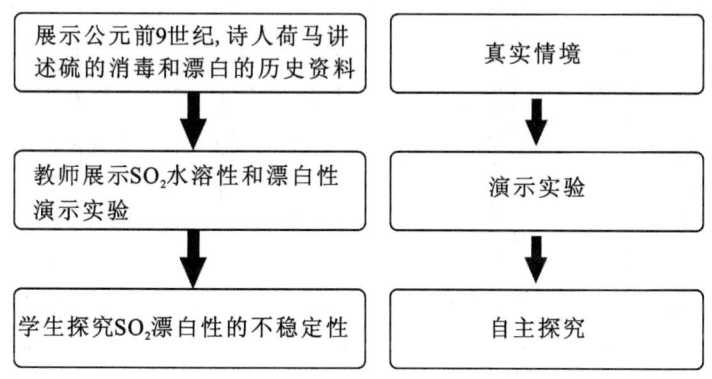

图 4-22 学习任务1教学流程

(二)德意志化学家施塔尔
【学习任务2】SO_2 与碱反应。

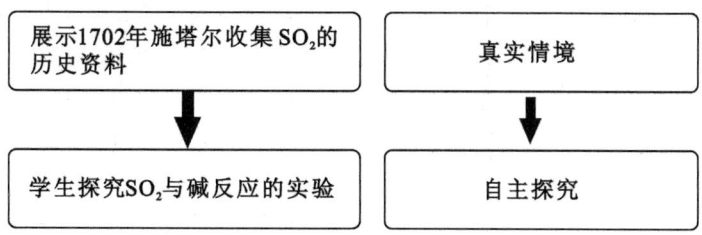

图 4-23 学习任务2教学流程

【评价任务2】通过探究 SO_2 与碱反应的实验,诊断并发展学生科学探究的水平。

教学环节	教学内容	教学活动		设计理念
		教师活动	学生活动	
学习任务2：SO_2 与碱反应	SO_2 与碱反应	【展示历史资料】在火山爆发时,同硫化氢一齐产生的气体中,还有一种具有刺激性的恶臭气体,就是二氧化硫,而当时的人们并不知道它是二氧化硫。德意志化学家施塔尔在收集二氧化硫时,发现必须使用汞替代水槽中的水,即需要使用汞才能收集到较纯的这种气体。在 1702 年,施塔尔用碱性溶液吸收硫磺燃烧生成的气体,得到了亚硫酸盐溶液,所以后来也将燃烧硫磺的气体叫作无水亚硫酸。	观看多媒体上展示的历史资料。	上一环节中 SO_2 易溶于水并与水反应将这一化学性质衔接这一环节的学习,使得教学过程更加连贯流畅。
		【提问】为什么施塔尔在收集 SO_2 时需要用汞替代水？	【回答】因为 SO_2 易溶于水、能与水反应。	
		【追问】还能从上述历史资料中发现关于 SO_2 的哪些性质？	【回答】SO_2 可以与碱反应生成亚硫酸盐。 【实验】取少量从演示实验1中得到的溶液与另一洁净试管中,再往其中加入 1-2 mL NaOH 溶液,再滴加数滴 $CaCl_2$ 溶液,观察现象。 【汇报实验现象】加入 NaOH 溶液时无明显现象,滴加 $CaCl_2$ 溶液后产生白色沉淀。 【汇报实验结论】$SO_2 + 2NaOH = Na_2SO_3 + H_2O$、$Na_2SO_3 + CaCl_2 = 2NaCl + CaSO_3 \downarrow$,与 CO_2 类似,两者都属于酸性氧化物,具有酸性氧化物的通性,能够与碱反应,生成对应的盐。	

(三)英国化学家 C.F. 克劳斯

【学习任务3】SO_2 氧化性。

【评价任务3】通过对SO_2氧化性的实验探究活动,诊断并发展学生科学探究的水平。

图4-24 学习任务3教学流程

教学环节	教学内容	教学活动		设计理念
		教师活动	学生活动	
学习任务3:SO_2氧化性	SO_2与碱反应	【展示历史资料】为了工业发展和环境保护,除去化石燃料燃烧及地热发电时生成的硫化氢是一个必不可少的环节。在1883年,英国化学家C.F.克劳斯发明了一种高效除去硫化氢和回收硫的方法——克劳斯法。原理是硫化氢不完全燃烧,生成水和二氧化硫,进一步反应可以生成硫磺。若空气与硫化氢混合比例适当,可使所有的硫化氢转变为硫磺。此法广泛用于煤、石油、天然气的加工过程(如合成氨原料气生产、炼厂气加工等),在脱硫产生的含硫化氢气体中回收硫,可解决炼厂废气对大气的污染问题。克劳斯法回收硫的纯度可达到99.8%,可作为生产硫酸的一种硫资源,也可作为其他化工生产原料。	观看多媒体上展示的历史资料。	本环节通过克劳斯法回收硫工艺的原理学习SO_2的氧化性,该工艺的历史资料可以让学生认识到SO_2对回收硫工业的重要性,提高学生的兴趣,加深学生对知识的记忆。克劳斯法回收硫的工艺可以很好地衔接下一环节的硫酸生产工艺中的原料硫,使得硫的学习更连贯,能够更好地建立知识网络。
		【提问】历史资料中提到"硫化氢不完全燃烧,生成水和二氧化硫",请用化学方程式表示该反应。	【回答】$2H_2S + 3O_2 \xrightarrow{点燃} 2SO_2 + 2H_2O$。	
		【播放实验视频】接下来,H_2S不完全燃烧生成的SO_2还需要进一步转化才能生产硫单质,我们重现克劳斯法中涉及的化学反应,观看SO_2与H_2S反应的视频,注意观察现象。	【观看实验视频】 【实验现象】出现黄色固体,玻璃壁上有水雾。 【得出结论】二氧化硫与硫化氢反应生成硫单质和水 $2H_2S + SO_2 = 3S\downarrow + 2H_2O$	

续表

教学环节	教学内容	教学活动		设计理念
		教师活动	学生活动	
学习任务3：SO_2 氧化性	SO_2 与碱反应	【提问】从 SO_2 的化合价分析 H_2S 与 SO_2 的反应，说明 SO_2 具有何种性质？	【回答】+4→0，氧化性。	
		【总结】从克劳斯法可以知道，在 SO_2 的成分确定之前，对 SO_2 的利用已经比较广泛了。在人类的历史长河里，对物质的研究利用常常是理论研究与实践应用同时进行，相互促进发展，理论指导实践，实践改进理论。SO_2 不仅在克劳斯法回收硫工业中具有重要的地位，也是硫酸工业的必备原料之一，工业上生产硫酸也有一段历史，请看下一环节。		

（四）英国化学家罗巴克与菲利普斯

【学习任务4】SO_2 还原性。

【评价任务4】通过硫元素的价类二维图的构建，诊断并发展学生的知识结构化水平；通过展示 SO_2 的应用，提高学生对化学价值的认识水平。

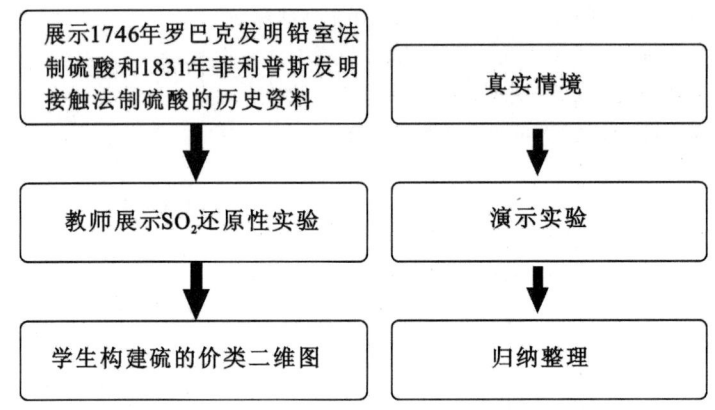

图4-25　学习任务4教学流程

教学环节	教学内容	教学活动		设计理念
		教师活动	学生活动	
学习任务3：SO_2还原性	SO_2与碱反应	【展示历史资料】硫酸工业已经有两百多年的历史，早期的硫酸生产通常采用硝化法。1746年，英国化学家罗巴克在伯明翰建了一座近两米高的铅室，这是世界上第一座铅室法生产硫酸的工厂，也是最早投入硫酸生产的工厂。通过焚烧硫磺和硝石（主要成分是KNO_3）产生的二氧化硫和氮氧化物与氧气和水反应生成硫酸，主要发生的化学反应：$S + O_2 = SO_2$、$SO_2 + N_2O_3 = SO_3 + 2NO$、$SO_3 + H_2O = H_2SO_4$。这个方法在当时能制备出65%的硫酸，经过不断地改进，提高硫酸的纯度。在1831年，英国化学家菲利普斯发明了接触法制取硫酸。他在装有铂丝的陶瓷管中加热硫磺，同时充分混入空气，使生成的二氧化硫和氧气发生催化氧化反应生成三氧化硫。在接触法制取硫酸中主要发生的化学反应：$S + O_2 \xrightarrow{\text{点燃}} SO_2$、$2SO_2 + O_2 \xrightleftharpoons[\text{加热}]{\text{催化剂}} 2SO_3$、$SO_3 + H_2O = H_2SO_4$。接触法制硫酸在工业上应用广泛，能以更低成本制造出三氧化硫以及硫酸，这种方法在现今已被广泛运用。	观看多媒体上展示的历史资料。	硫的回收和利用可以很好地将上一环节的克劳修斯法和本环节的工业制硫酸衔接起来，使知识线路更为连贯，能使学生深刻认识到SO_2在硫酸工业中的价值。引导学生绘制硫元素的价类二维图，并利用价类二维图自主总结SO_2的性质，能使知识之间形成网络，有助于学生的记忆和理解，并能培养学生的概括能力。
		【提问】这里呈现了两种经典的生产硫酸的方法——铅室法和接触法。从化合价的角度分析SO_2在这两种方法中具有什么性质？	【回答】+4→+6，还原性。	
		【追问】如何通过实验说明SO_2具有还原性？	【演示实验2】将数滴$KMnO_4$溶液加入演示实验1得到的SO_2水溶液中，观察现象，再往溶液中滴加几滴$BaCl_2$溶液，观察现象。【实验现象】滴入$KMnO_4$后溶液逐渐褪色，滴加$BaCl_2$溶液出现白色沉淀。【得出结论】说明SO_2具有还原性，能	

续表

教学环节	教学内容	教学活动		设计理念
		教师活动	学生活动	
学习任务3：SO_2还原性	SO_2与碱反应		够被高锰酸钾氧化成硫酸根 $5SO_2 + 2MnO_4^- + 2H_2O = 5SO_4^{2-} + 2Mn^{2+} + 4H^+$ $Ba^{2+} + SO_4^{2-} = BaSO_4\downarrow$	
		【总结】从上述历史资料可以看出，SO_2具有还原性，在铅室法和接触法中扮演着还原剂的角色，在硫酸工业中具有重要的地位。到目前为止，我们从SO_2的发现和利用史中了解了重要的人物和事件，也从中学习了SO_2的性质。SO_2虽然是一种空气污染物，人类对它的印象不大好，但极大地促进了世界化学工业的发展，例如回收硫工业和硫酸工业，进而为我们的学习、生活和生产提供了各种支持。从本质上解释，就是一个或几个简单的化学变化极大地促进了人类工业的发展，这也是化学在人类社会发展中独特的价值。从这段历史也可以看出，理论研究和实践利用总是在同步进行，相互支持和促进，这也是科学本质的体现。 本节课的核心元素是硫元素，从物质类别的角度看，SO_2是酸性氧化物，能与水反应生成H_2SO_3，还能与NaOH反应生成Na_2SO_3；从化合价变化的角度看，SO_2中+4价的S与O_2在催化剂的作用下能被氧化生成+6价的S，与H_2S中-2价的S反应能被还原生成单质硫。现在以化合价作为纵坐标，物质类别作为横坐标构建出价类二维图，并尝试将本节课中出现的各类含硫物质及其之间的转化关系填入价类二维图中，完成后请几位同学利用价类二维图总结SO_2的性质。	构建价类二维图，总结二氧化硫的性质。	

【案例评析】

二氧化硫是典型的酸性氧化物，具有酸性氧化物的通性。硫元素化合价为+4价，处于硫元素的中间价态,既能表现氧化性又能表现还原性,而且二氧化硫还具有它自身的特性——漂白性。从知识结构来看,二氧化硫的教学可以促进学生主动应用元素观,从物质类别、元素价态两个维度来分析、预测物质性质,再设计实验验证得出结论,从而总结出研究无机物性质的基本思路和方法。

本案例利用二氧化硫的化学史实,展现其物理性质、常见用途以及在化工领域的应用。结合探究实验,认识二氧化硫的化学性质,认识"通过现象解释本质"的科学思想,感受化学学科的价值和意义。通过构建硫元素的价类二维图,培养学生归纳和概括知识的能力。最后通过学习回收硫工业和硫酸工业的原理,感受二氧化硫在工业生产中的价值,体会二氧化硫与人类关系的密切。

整个教学过程有以下特色:

(1) 将化学史教育贯穿始终

《普通高中化学课程标准(2017年版)》强调将化学史作为发展学生对科学本质理解的重要手段,将科学概念放在历史的坐标系中学习,让学生站在历史的角度认识化学学科的意义和价值,从知识形成的过程中学习科学概念,要比照本宣科更有趣味,也更易理解和掌握。本教学设计选用荷马、施塔尔、罗巴克、菲利普斯和 C. F. 克劳斯这几段关于二氧化硫发现和利用的化学史材料,以其作为历史线索,发掘其中最引人入胜、具有关键作用的事件,向学生展示科学家如何运用已有知识解决问题及科学家提出新的科学理论的过程,从而展开 SO_2 相关化学性质的学习,将鲜活的科学史与化学教学相结合,做到了科学与人文的有机结合。

(2) 将历史线、活动线和知识线三线融合

本节课采用历史线、活动线和知识线相融合的教学流程,通过讲述历史事件(历史线)挖掘出关于 SO_2 的描述,获取相关事实信息,展开实验活动(活动线),收集实验证据,解释事实信息,学习 SO_2 的性质(知识线),从而将化学史、工业生产与化学学科知识完美融合。

第六节 铁盐和亚铁盐教学案例研究

"铁盐和亚铁盐"第 2 课时教学设计

教材链接:普通高中教科书《化学》必修第一册(人民教育出版社,2019年)。

主要内容:Fe^{2+}、Fe^{3+} 的检验;Fe^{2+}、Fe^{3+} 的相互转化。

【案例描述】

一、教学与评价目标

(一)教学目标

1. 通过感受现实生活中的含铁物品,复习铁的性质,并在分析过程中培养证据推理能力。

2. 通过理论分析以及科学探究的方式,学会不同情况下 Fe^{2+}、Fe^{3+} 的检验方法,并在过程中发展科学探究能力,感受宏观物质转化与微观粒子转化之间的联系,培养宏观辨识与微观探析的化学学科核心素养。

3. 通过结合实际生产以及实验探究的方式，建构 Fe^{2+}、Fe^{3+} 的相互转化模型，并在过程中发展学生的"证据推理与模型认知"能力，培养学生的科学态度与社会责任，建立绿色化学意识。

4. 通过建立元素价态－物质类别二维图，深化氧化还原理论，构建完整的铁及其化合物的知识体系。

(二) 评价目标

1. 通过探讨"暖宝宝使用前后发生了什么变化"，诊断学生是否能调动已有知识，做出推断。

2. 通过探究使用后暖宝宝中的铁元素可能存在的价态是什么，以及如何验证，诊断学生的科学探究能力以及从宏观和微观结合视角分析解决问题的能力。

3. 通过实验探究"如何回收利用暖宝宝中的铁元素"，诊断学生对分析实际问题的认识水平。

4. 通过建立二维图，诊断学生对铁及其化合物知识的构建情况。

二、教学与评价思路

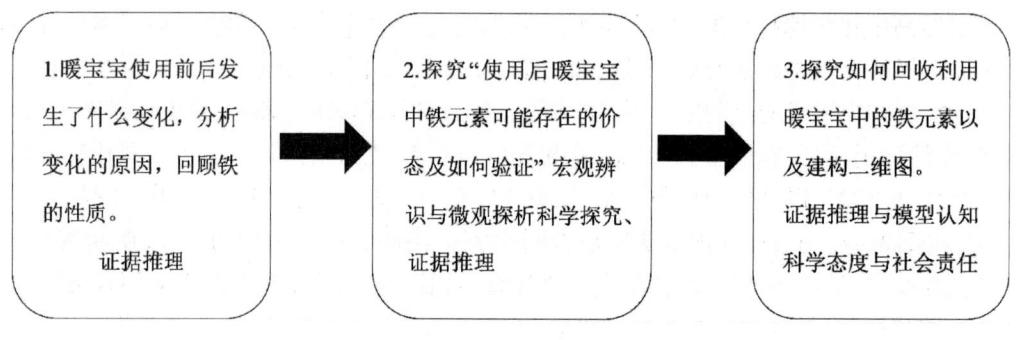

图 4-26 教学与评价思路

三、教学流程

(一) 复习铁的性质

【学习任务1】暖宝宝使用前后，铁元素发生了什么变化。

【评价任务1】通过探讨暖宝宝发生了什么变化，诊断学生是否调动已有知识，做出推断，发展学生证据推理的化学学科核心素养。

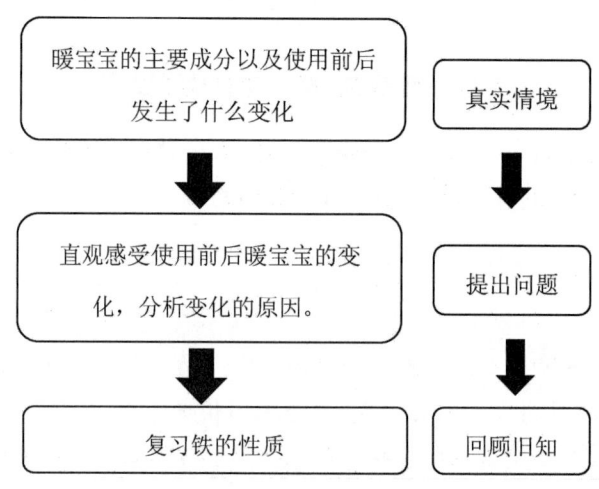

图 4-27 学习任务1教学流程

第四章 元素及其化合物教学案例研究

教学内容	教学活动		设计理念
	教师活动	学生活动	
暖宝宝中Fe发生的反应	这几天突然降温,老师看很多同学手里都有暖宝宝,谁有新的?	回答:老师,我有。	创设情境,激发学生的学习动力。
	请你看一下包装,给大家说说它的主要成分。	回答:主要成分是铁粉、活性炭和盐类。	
	这个盐类,经过查阅发现主要是氯化钠,我们现在把它撕开,什么颜色?	回答:黑色。	复习铁单质的性质。
	好,现在老师手里有一个用过的暖宝宝,同样把它撕开,什么颜色?	回答:红棕色。	
	暖宝宝使用前后发生了怎样的变化?	学生讨论后回答:铁粉被空气中的氧气和水缓慢氧化……	
	暖宝宝的发热原理其实是铁粉通过原电池反应缓慢氧化生成氧化铁放出热量,而其中的活性炭和氯化钠在反应前后并不会发生化学变化。原电池在之后我们会讲到,这里简单知道就可以。		

(二)Fe^{2+}、Fe^{3+} 的检验

【学习任务2】学习 Fe^{2+}、Fe^{3+} 的检验的方法。

【评价任务2】通过探究"使用后暖宝宝中的铁元素可能存在的价态是什么及如何验证",诊断学生的科学探究能力以及宏微结合视角分析解决问题的能力。

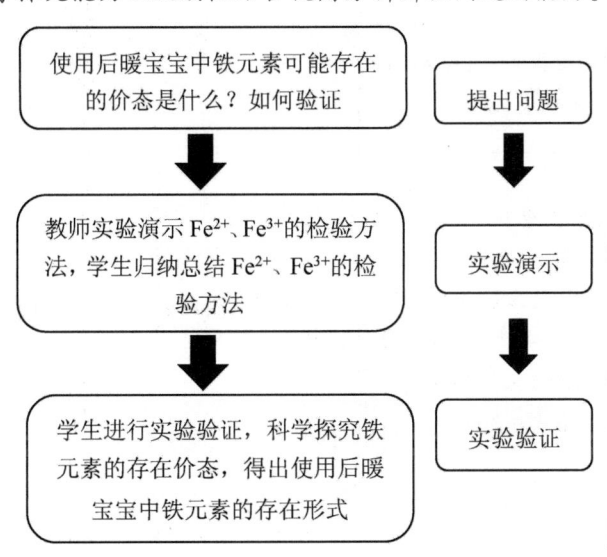

图4-28 学习任务2教学流程

教学内容	教学活动		设计理念
	教师活动	学生活动	
Fe^{2+}、Fe^{3+}的检验方法	使用后的暖宝宝中铁元素可能会存在哪几种价态呢?	回答:0、+2、+3价,即Fe、Fe^{2+}、Fe^{3+}。	先让学生设计实验检验Fe^{2+}、Fe^{3+},培养学生的实验探究能力。
	我们该如何验证?	学生回答 ①对于Fe:用吸铁石检验使用后暖宝宝中是否含有铁粉。 ②对于Fe^{2+}、Fe^{3+}:用吸铁石或其他方法除去铁粉,再将剩余物溶于水,除去氯化钠,取滤渣,向其中加入稀硫酸,过滤除去活性炭,得到滤液,再用化学方法检验滤液中是否含有Fe^{2+}、Fe^{3+}。	
	该如何检验滤液中的Fe^{2+}和Fe^{3+}呢?	学生回答:①观察颜色,②加入NaOH溶液。 剩余物 →加水过滤→ 滤渣/NaCl, 滤渣→稀硫酸过滤→ 活性炭/Fe^{2+}、Fe^{3+}	调动学生的已有知识。
	考虑到滤液可能为Fe^{2+}和Fe^{3+}的混合液或存在Fe^{2+}浓度过小的情况,所以我们不能通过直接观察颜色或者加入NaOH溶液进行检验。需要更加灵敏的、不受干扰的检验剂来检验Fe^{2+}和Fe^{3+}。我们可以用KSCN溶液检验Fe^{3+},用$K_3[Fe(CN)_6]$溶液来检验Fe^{2+}。	学生认真听讲	
	【演示实验】取少量$Fe_2(SO_4)_3$溶液于洁净的试管中,向其中滴加1~2滴KSCN溶液,溶液变为红色;取少量$FeSO_4$溶液于洁净的试管中,向其中滴加1~2滴$K_3[Fe(CN)_6]$溶液,出现蓝色沉淀。	学生观察实验现象,归纳总结Fe^{2+}和Fe^{3+}的检验方法。	通过实验现象,让学生们直观的感受Fe^{2+}和Fe^{3+}的检验方法。

续表

教学内容	教学活动		设计理念
	教师活动	学生活动	
Fe^{2+}、Fe^{3+}的检验的方法	【归纳总结】Fe^{2+}和Fe^{3+}的检验方法。	【学生实验验证】 ①用磁铁验证使用后暖宝宝中是否含有剩余铁粉。 ②用KSCN溶液和$K_3[Fe(CN)_6]$溶液分别对暖宝宝中提取出的滤液中的离子进行检验。	让学生实验验证，培养学生的动手能力，同时巩固Fe^{2+}和Fe^{3+}的检验方法。
	【实验结论】大部分学生验证使用后的暖宝宝中存在Fe以及Fe^{3+}，少部分学生发现还有Fe^{2+}。		
	分析产生Fe^{2+}的原因是什么呢？	学生讨论分析： ①未将铁粉除尽，导致铁与稀硫酸反应生成Fe^{2+}。 ②取样时，所取用的暖宝宝并未完全氧化，存在少量副产物。	让学生分析产生Fe^{2+}的原因，培养学生的问题解决能力和分析能力。

(三) Fe^{2+}和Fe^{3+}的相互转化和构建铁及其化合物的二维图

【学习任务3】学习Fe^{2+}和Fe^{3+}的相互转化，并从元素价态和物质类别两个角度构建铁及其化合物的二维图。

【评价任务3】通过探究"如何回收暖宝宝中的铁元素"以及建构二维图，诊断学生对分析实际问题的认识视角以及对铁及其化合物知识的构建情况。

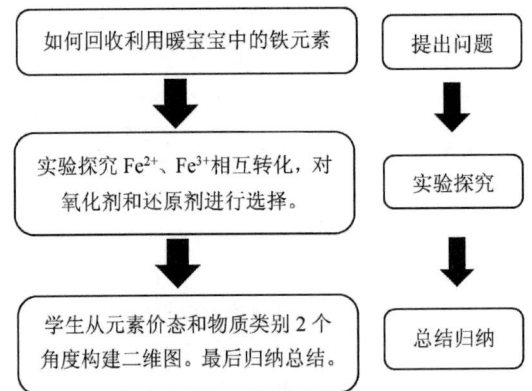

图4-29 学习任务3教学流程

教学内容	教学活动		设计意图
	教师活动	学生活动	
Fe^{2+}转化为Fe^{3+}	如何回收利用暖宝宝中的铁元素？	可以把使用后暖宝宝中的铁粉一同溶于酸中,再回收其中的$FeSO_4$或$Fe_2(SO_4)_3$。	让学生知道铁元素的重要性,然后回收利用,培养学生的社会责任感。
	回收物质,首先要考虑所要回收物质在生活中的价值。【PPT显示资料】硫酸铁：用于银的分析、糖的定量测定,用作染料、墨水、净水、消毒、聚合催化剂、媒染剂等。硫酸亚铁：可用于色谱分析试剂、作为还原剂、制造铁氧体、净水、聚合催化剂、照相制版等。	学生回答：所以既可以回收$FeSO_4$,也可以回收$Fe_2(SO_4)_3$。	
	对$FeSO_4$或$Fe_2(SO_4)_3$进行回收,实际上也就是要实现Fe^{2+}和Fe^{3+}的相互转化。刚刚我们已经验证过,Fe能被稀硫酸氧化为Fe^{2+},被氧气氧化为Fe^{3+}。那如果要将Fe^{2+}转化为Fe^{3+}应加入什么物质？	学生回答：像氧气一样的强氧化剂,比如氯水、过氧化氢、高锰酸钾等。	
	若要将Fe^{3+}转化为Fe^{2+}呢？	学生回答：强还原剂	
	注意应加入较强的还原剂,还原剂过强会把Fe^{3+}直接还原为Fe。	让学生选择试剂并设计实验,培养学生的科学探究能力。	

第四章 元素及其化合物教学案例研究

续表

教学内容	教学活动		设计意图
	教师活动	学生活动	
Fe^{2+}转化为Fe^{3+}	哪一种方案更好？为什么？	方案1，因为Fe^{2+}易被氧气氧化为Fe^{3+}，所以验证时应先加KSCN溶液，排除原溶液中Fe^{3+}的干扰。 【实验验证】学生小组实验验证。	让学生分析实验方案的利弊，培养学生的分析能力和科学精神。
		【得出结论】过氧化氢、氯水、高锰酸钾、氧气等强氧化剂，能够将Fe^{2+}转化为Fe^{3+}。	
	从实际生产来看，若想回收硫酸铁，应基于哪些角度选择氧化剂？	【学生讨论】 经济角度、效率角度、环保角度。查阅资料，对三种强氧化剂进行筛选，选择最优氧化剂。	培养学生的科学精神和社会责任。
Fe^{3+}转化为Fe^{2+}	(2)回收$FeSO_4$——实现Fe^{3+}转化为Fe^{2+} 【实验探究2】设计Fe^{3+}转化为Fe^{2+}的实验方案 试剂：$Fe_2(SO_4)_3$溶液、KSCN溶液、铁粉、铜粉、淀粉—KI试纸	取一洁净的试管，加入少量$Fe_2(SO_4)_3$溶液，滴入一滴KSCN溶液，溶液变为红色，再加入铁粉，溶液颜色变浅或消失，说明铁粉能将Fe^{3+}转化为Fe^{2+}（还原剂由学生自主选择，可换成铜粉或淀粉—KI试纸） 【实验验证】学生小组实验验证	让学生设计实验完成Fe^{3+}转化为Fe^{2+}的实验，并让学生选择最佳的还原剂，培养学生的科学探究能力和社会责任。
		【得出结论】铁粉、铜粉、KI等还原剂能将Fe^{3+}转化为Fe^{2+}。	
	【学生讨论】 从经济角度、效率角度、环保角度。查阅资料，对三种还原剂进行筛选，选择最优氧化剂。		

续表

教学内容	教学活动		设计意图
	教师活动	学生活动	
二维图的构建	【板书】 $Fe_2O_3 \xrightarrow{H^+} Fe^{3+} \xrightarrow{KSCN}$ 红色溶液 ↑↓ 较强还原剂 ∥ 强氧化剂 $Fe \xrightarrow{H^+} Fe^{2+} \xrightarrow{K_3[Fe(CN)_6]}$ 蓝色沉淀 经过同学们的努力,我们已经能够利用转化的思想对暖宝宝中的铁元素进行回收利用,同样在工业生产中,也会利用这种转化思想将废铁屑(含铁锈)转化为硫酸亚铁,实现对铁元素的回收利用。 【教师展示】 (元素价态与物质类别二维图:Fe, FeO, Fe$_3$O$_4$, Fe$_2$O$_3$, Fe(OH)$_2$, Fe(OH)$_3$, Fe^{2+}, Fe^{3+}) 【归纳总结】对于元素化合物知识的学习,要利用二维图,从元素价态和物质的类别这2个视角来认识元素的性质和物质间的转化,而在进行同种元素不同价态物质之间转化时,要注意(1)根据元素价态预测物质的性质;(2)紧紧围绕氧化还原理论进行转化。	【学生活动】 结合铁及其化合物的知识,以物质分类、氧化还原理论为基础,从元素价态和物质的类别2个角度构建二维图。	让学生构建铁及其化合物的二维图,培养学生模型认知的学科核心素养。

【案例评析】

从学科价值来看,铁元素是学生继氧化还原反应和离子反应后学习的第1个变价金属元素,为从元素价态和物质类别2个视角认识物质及其变化提供了得天独厚的优势,有利于培养学生"科学探究与创新意识"以及"宏观辨识与微观探析"化学学科核心素养。而从社会价值来看,铁及其化合物、合金在生产生活中应用十分广泛,比如,与人体健康相关的补铁剂;利用Fe^{3+}的氧化性刻蚀电路铜板;利用铁与氧气反应放热制成的暖宝宝等。所以,可以

第四章 元素及其化合物教学案例研究

让学生在真实情境中体验铁及其化合物在生活生产中的重要应用,可在有关物质分离、检验、回收、转化等实验中感受宏观物质与微观粒子之间的联系,养成从化学角度思考实际问题、用化学原理解决实际问题的习惯,对培养学生"宏观辨识与微观探析""科学态度与社会责任"等化学学科核心素养具有重要的作用。

本案例以"暖宝宝"为情境素材,通过学生的探究活动,在铁盐、亚铁盐性质的学习过程中,发挥化学核心知识的育人功能,发展学生的化学学科核心素养。而本案例充分发挥情境的教育价值和迁移价值,从"暖宝宝"这一个情境出发,衍生出3个学科问题:

① 暖宝宝使用前后发生了什么变化?

② 使用后暖宝宝中铁元素可能存在的价态是什么?如何验证?

③ 如何回收利用暖宝宝中的铁元素?成功将 Fe^{2+}、Fe^{3+} 的检验及 Fe^{2+}、Fe^{3+} 的相互转化等核心知识蕴含其中,通过情境活动,搭建知识与素养之间的桥梁,帮助学生建构完成知识体系,形成看待问题的化学视角,发展学生的化学学科核心素养。

整个教学过程有如下特色:

(1)问题层层递进,符合学生认知规律

通过暖宝宝这个问题情境,从铁单质的性质到 Fe^{2+}、Fe^{3+} 的检验,再到 Fe^{2+}、Fe^{3+} 的回收,最后画出铁元素的二维图,从学生的已有知识出发,通过实验探究学习 Fe^{2+}、Fe^{3+} 的性质,整个过程层层递进,自然流畅,问题情境贯穿整个教学流程,启发学生的化学思维,符合学生的认知规律,能有效地提高学生对 Fe^{2+}、Fe^{3+} 的性质的学习。

(2)实验探究,提升学生的证据推理能力

该案例让学生动手做实验,设计科学的方案检验 Fe^{2+}、Fe^{3+},让学生选择氧化剂和还原剂,并让学生设计实验回收 Fe^{2+} 和 Fe^{3+} 实现 Fe^{2+} 和 Fe^{3+} 的转化。学生根据实验现象得出结论,培养学生"证据推理""宏观辨识与微观探析"以及"科学探究"的化学学科核心素养。

(3)通过二维图的建构,帮助学生建立"铁三角"模型

该案例的最后让学生结合铁及其化合物的知识,以物质分类、氧化还原理论为基础,从元素价态和物质类别2个角度构建二维图,通过二维图的构建,帮助学生建立"铁三角"模型,培养学生元素观和"模型认知"的化学学科核心素养。

参考文献

[1]邵传强.基于人文背景融合学科核心素养的化学教学设计与实践:以"含硅矿物与信息材料"教学为例[J].化学教学,2020(12):41-45.

[2]郑海鹏,梁秋婵,陈博.融入化学史教育的化学教学设计:以"二氧化硫"为例[J].化学教与学,2021(08):69-73.

[3]刘妍,王秀红,张冬华.基于化学学科核心素养的"铁盐和亚铁盐"教学设计[J].化学教育(中英文),2019,40(07):33-37.

第五章 有机化合物教学案例研究

第一节 从化石燃料中获取有机化合物教学案例研究

"从化石燃料中获取有机化合物"第2课时教学设计

教材链接:普通高中教科书《化学》必修第二册(山东科学技术出版社,2019年)。

主要内容:乙烯的结构及其主要性质;"碳碳双键"官能团及其与性质的关系;简单的加成反应。

【案例描述】

一、教学与评价目标

(一)教学目标

1.认识、掌握"碳碳双键"官能团与乙烯的结构。

2.通过实验探究,认识乙烯的物理性质与化学性质,掌握"碳碳双键"与乙烯化学性质的关系。

(二)评价目标

1. 通过对学生分析与运用乙烯模型活动的测评,诊断并发展学生的证据推理与模型认知素养。

2. 通过对学生探究活动能力的测评,诊断并发展学生的科学探究与创新意识素养。

3.通过对学生掌握乙烯和乙烷结构和性质的程度的测评,诊断学生对"碳碳双键"的理解水平,发展学生的证据推理与模型认知素养。

二、教学与评价思路

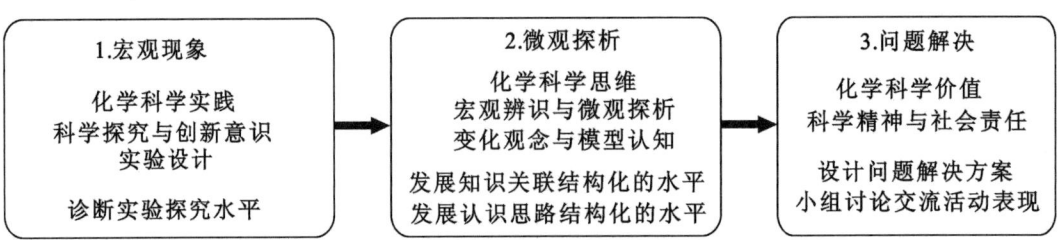

图 5-1 教学与评价思路图

第五章 有机化合物教学案例研究

三、教学流程

(一)宏观现象

【学习任务1】乙烯的物理性质及其结构。

【评价任务1】诊断并发展学生认识思路的结构化水平(视角水平)。

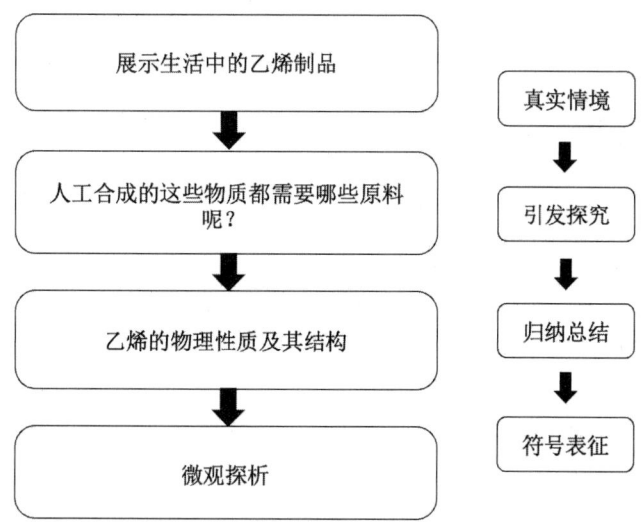

图 5-2 学习任务1教学流程图

教学环节	教学内容	教学活动		设计理念
		教师活动	学生活动	
导入新课	乙烯的结构	展示生活中常见的乙烯制品： 这些物质都是我们人工合成的,合成这些物质的原料是?	观察、思考	让学生认识到化学改变了世界,激发学生学习化学的兴趣。

续表

教学环节	教学内容	教学活动		设计理念
		教师活动	学生活动	
导入新课	乙烯的结构	展示乙烯分子的球棍模型和填充模型。 ① 要求学生试着书写乙烯的分子式、结构式、结构简式（强调"="）。 ② 观察了解分子中原子共面情况。	观察、书写： 分子式：C_2H_4 结构式：$\begin{matrix} H & & H \\ & C=C & \\ H & & H \end{matrix}$ 结构简式：$CH_2=CH_2$	培养学生观察能力和分析能力。
		【板书】 二、乙烯 1.分子结构 分子式：C_2H_4 结构式： $H-\overset{H}{\underset{}{C}}=\overset{H}{\underset{}{C}}-H$ 结构简式：$CH_2=CH_2$ 平面分子、键角为120°	观察、思考、分析 微观探析	
实物展示乙烯气体	乙烯的物理性质	观察一瓶收集好的乙烯气体，叙述乙烯的物理性质。	观察、描述	宏观认识乙烯物理性质。
		【板书】 2.物理性质 无色、稍有气味、难溶于水、密度比空气略小（$\rho=1.25g/L$）的气体，所以收集乙烯气体只能用排水法。	理解、记忆 认识乙烯物理性质	

(二)微观探析

【学习任务2】乙烯化学性质的探究。

【评价任务2】诊断并发展学生对结构决定性质的认识(物质水平)。

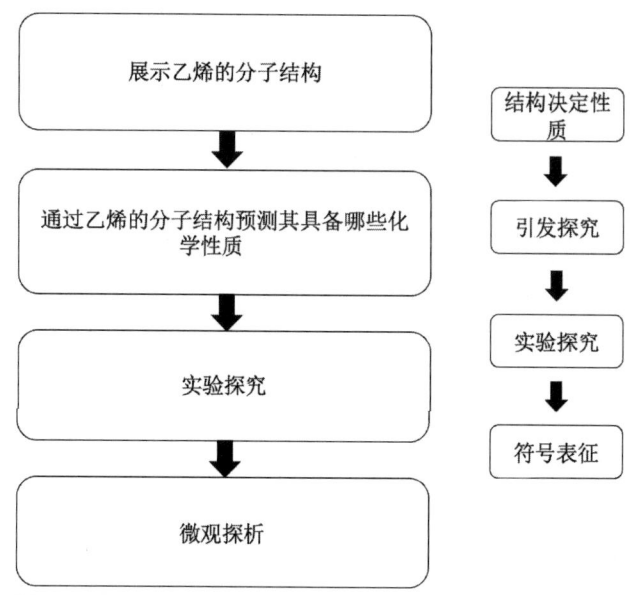

图5-3 学习任务2教学流程图

教学环节	教学内容	教学活动		设计理念
		教师活动	学生活动	
实验探究	预测化学性质	【过渡】经过对乙烯物理性质及结构的了解,我们知道了有关乙烯的一些性质,那么乙烯有哪些化学性质?我们观察研究乙烯的结构来研究乙烯的化学性质。 $$H_2C=CH_2$$	观察 思考 预测乙烯的化学性质。	培养学生从结构的角度去分析性质。
	乙烯的化学性质	【实验1】 乙烯的燃烧 点燃纯净的乙烯,并用洁白的瓷坩埚底部罩于火焰上方。注意观察火焰的颜色和瓷坩埚底部。 思考:坩埚底部黑色物质是什么?变黑原因是什么?与甲烷燃烧做对比。 【实验2】 与酸性高锰酸钾溶液反应	观察、思考。 把相关内容填写到教材表格中。	培养学生的观察能力以及思考问题、分析问题的能力。

续表

教学环节	教学内容	教学活动		设计理念
		教师活动	学生活动	
实验探究	乙烯的化学性质	将制得的乙烯气体通入酸性高锰酸钾溶液中,观察溶液颜色变化。 【实验3】 与溴的四氯化碳溶液反应 将过量的乙烯气体通入溴的四氯化碳溶液中,观察溶液颜色的变化。(了解加成反应)	观察思考	培养学生的观察能力以及思考问题、分析问题的能力
		【板书】 3.乙烯的化学性质: (1)燃烧:$C_2H_4 + 3O_2 \xrightarrow{点燃} 2CO_2 + 2H_2O$ (2)使酸性高锰酸钾溶液褪色(补充:生成CO_2气体) (3)可发生加成反应(分析加成原理) $CH_2 = CH_2 + Br_2 \rightarrow CH_2BrCH_2Br$	参与总结	领悟新知

(三)问题解决

【学习任务3】对比乙烯和乙烷的结构与性质。

【评价任务3】诊断并发展学生的类比归纳能力(内涵水平)。

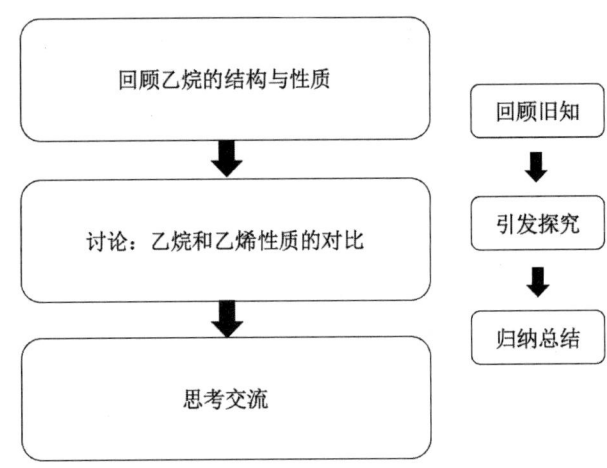

图5-4　学习任务3教学流程图

教学环节	教学内容	教学活动		学生活动	设计理念
		教师活动			
问题解决	乙烯与乙烷性质的对比	名称(化学式)	乙烯(C_2H_4) 乙烷(C_2H_6)	完成表格	新旧知识对比 温故知新 学以致用
		分子结构：结构式 / 结构简式 / 碳-碳键类别 / 空间构型 / 化学性质 / 鉴别方法			

【案例评析】

本案例以生活中常见的乙烯制品引入新课，通过展示乙烯分子的球棍模型推进教学，并让学生尝试写出乙烯的分子式、结构式、结构简式，设计探究方案开展实验探究，认识乙醇的化学性质。从不同的角度落实新课标中"证据推理与模型认知""科学探究与创新意识"等素养要求。

整个教学过程有以下特色：

(1) 注重认识思路的结构化和显性化

三个学习任务模块均以真实情境引入的方式指导学生从微观(分子结构)、宏观(实物)、实验探究等多角度理解乙烯的结构、物理与化学性质。在此基础上总结出有机物学习的一般思路，并用框图的形式将这一学习思路显性化。

(2) 从"结构决定性质"的角度分析物质的性质

在教学过程中教师多次突出对乙烯结构的分析，引导学生通过乙烯的结构预测物理性质并分析解释其化学性质，进一步体会有机物结构和性质的关系，从宏观认识到微观辨析再到符号表征，从多重角度培养学生提出问题、解决问题、归纳总结的能力，使其更加全面地加深对问题的理解。

(3) 基于学习任务开展素养为本的教学

教师在课堂中展示了与乙烯相关的生活情景，通过三个学习任务的开展培养学生的化学学科核心素养，突出强调了学习任务的素养导向。学习任务1发展学生"证据推理与模型认知"的素养；学习任务2与学习任务3发展学生"科学探究与创新意识"的素养。

第二节　醇和酚教学案例研究

"醇和酚"第 1 课时教学设计

教材链接:普通高中教科书《化学》选择性必修 3 有机化学基础(山东科学技术出版社,2019 年)。

主要内容:醇的组成和结构特点;醇的物理性质;醇的命名;醇在生产生活中的应用。

【案例描述】

一、教学与评价目标

(一)教学目标

1.通过观察甲醇、乙醇的结构,认识羟基,归纳饱和一元醇的通式。

2.通过观察醇类物质的结构模型与比例模型,认识醇的结构与分类。

3.通过对丙三醇名称的分析,认知醇类的命名规则。

4.通过对不同醇类物质的物理性质的归纳、分析,认识醇物质的物理性质与碳原子数的关系及其性质在生活中的广泛应用,感受有机化合物的应用价值。

(二)评价目标

1.通过对学生对饱和一元醇通式的掌握的测评,诊断并发展学生的证据推理与模型认知素养。

2.通过对学生对醇的结构与分类的掌握的测评,诊断学生醇的命名能力,发展学生的证据推理与模型认知素养。

3.通过对学生醇的物理性质的掌握的测评,诊断并发展学生的证据推理与模型认知素养。

二、教学与评价思路

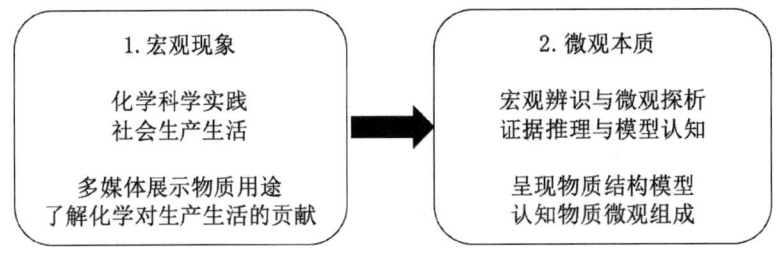

图 5-5　教学与评价思路

三、教学流程

(一)醇概念的建立

【学习任务 1】知道醇的概念。

第五章 有机化合物教学案例研究

【评价任务1】诊断并发展学生对醇类物质在生产生活中用途的认知。

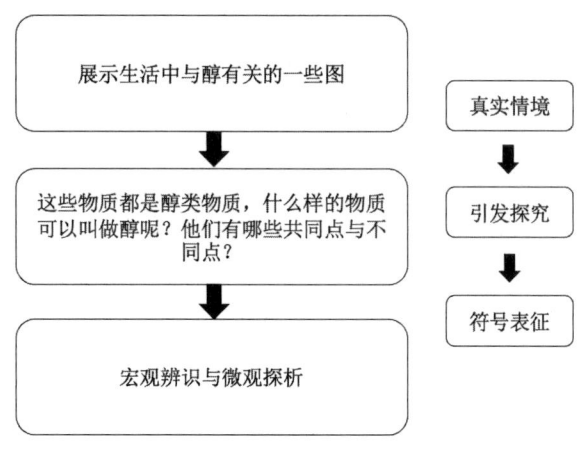

图5-6 学习任务1教学流程图

教学环节	教学内容	教学活动		设计理念
		教师活动	学生活动	
导入新课	醇概念的建立	【展示】多媒体展示酒驾及甲醇、乙醇、丙三醇的用途。	观看 联想思考	创设情境
		【提问】上述物质都属于醇类物质,那么这些物质具有什么相同的结构?什么样的物质才叫作醇呢?	阅读 思考	激发学习兴趣
		【板书】 一、醇 1.定义:羟基与烃基或苯环侧链上的碳原子相连的化合物称为醇。饱和一元醇的通式为 $C_nH_{2n+1}OH$。	理解 思考	微观辨析 建立概念

(二)醇的结构与分类

【学习任务2】认识醇的组成和结构,了解醇的分类。

【评价任务2】诊断并发展学生整合宏观物质模型与微观物质结构的思维水平,以及从不同层次与角度认识物质的能力。

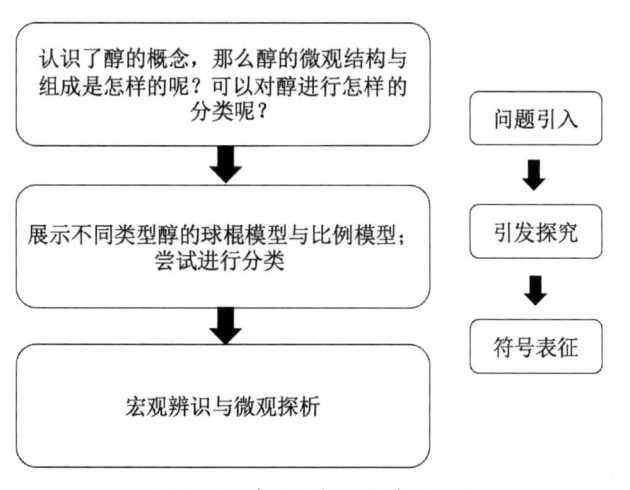

图5-7 学习任务2教学流程图

教学环节	教学内容	教学活动		设计理念
		教师活动	学生活动	
模型认知	醇的结构与醇的分类	【过渡】我们认识了醇的概念,那么醇的微观结构是怎样的呢? 【过渡】我们观察了醇的结构,在学习物质过程中,为了更好地学习,我们常将物质进行分类,醇可以怎么进行分类? 通过多媒体图片以及实物展示不同类型醇类物质的球棍与比例模型。	观察 思考 尝试解答	化抽象为直观,利于学生理解;调动学生的学习积极性和学习热情;且承上启下。
		对学生的回答作适时点评或启发,最终得出正确结论。 【板书】 2.分类: (1)按碳骨架可分为:脂肪醇、脂环醇、芳香醇。 (2)根据醇分子结构中羟基的数目,可分为一元醇、二元醇、三元醇……多元醇。 (3)根据碳原子级数可分为伯醇、仲醇、叔醇。	理解醇分类的依据,举例说明并记忆	学生分析得出结论,帮助学生建立成就感;为下一知识的学习做好铺垫。

(三)醇的命名

【学习任务3】理解醇的命名。

【评价任务3】诊断并发展学生知识迁移、知识扩展的能力。

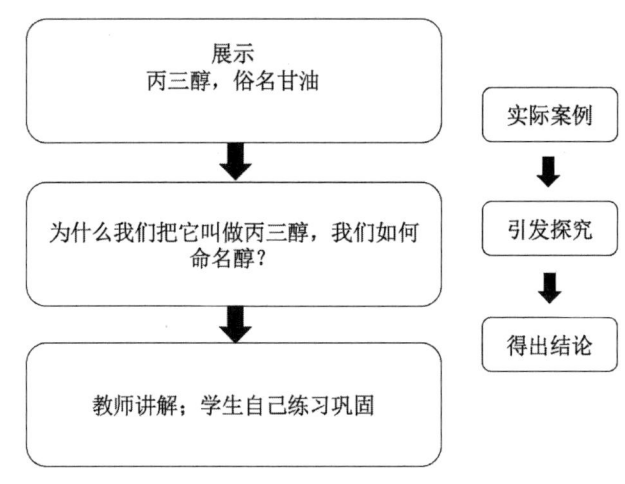

图5-8 学习任务3教学流程图

教学环节	教学内容	教学活动		设计理念
		教师活动	学生活动	
符号表征	醇的命名	【展示】多媒体展示一些化妆品,提问学生里面有什么物质与我们今天所学的物质有关？为什么我们将其称为丙三醇？	思考回答	理论与实际结合,诊断知识的认知水平。
		【板书】 3.醇的命名 命名原则:①将含有与羟基(—OH)相连的碳原子的最长碳链作为主链,根据碳原子数目称为某醇;②从距离羟基最近的一端给主链上的碳原子依次编号定位;③羟基的位置用阿拉伯数字表示,羟基的个数用"二""三"等表示。		学以致用,提高学生的理解用能力。

		用系统命名法对下列物质命名:
		CH₃—CH—CH₃
		    |
		    OH
		
		苯环-CH₂—OH
		   |
		   CH₃
		
		CH₂—CH—CH₃
		| |
		OH OH
		
		2-丙醇
		间甲基苯甲醇
		1,2-丙二醇
			分组讨论完成对应的配套练习	

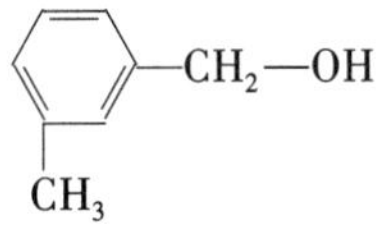

(四)醇的物理性质

【学习任务4】了解醇的物理性质。

【评价任务4】诊断并发展学生分析数据和处理数据的能力

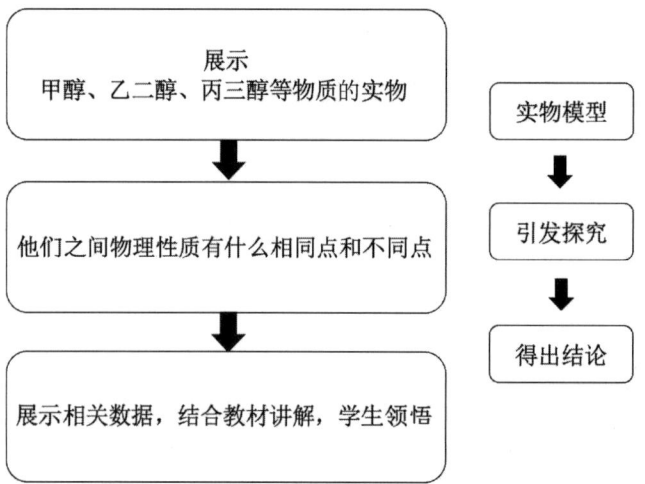

图5-9 学习任务4教学流程图

教学环节	教学内容	教师活动	学生活动	设计理念
探究醇的物理性质	常见的醇的物理性质	【提问】 我们学习了醇的概念、组成与结构、分类,那么醇类物质的物理性质有什么异同点呢? 【展示】 <table><tr><td>名称</td><td>结构模式</td><td>相对分子质量</td><td>沸点/℃</td></tr><tr><td>甲醇</td><td>CH_3OH</td><td>32</td><td>64.7</td></tr><tr><td>乙烷</td><td>C_2H_6</td><td>30</td><td>-88.6</td></tr><tr><td>乙醇</td><td>C_2H_5OH</td><td>46</td><td>78.5</td></tr><tr><td>丙烷</td><td>C_3H_8</td><td>44</td><td>-42.1</td></tr><tr><td>丙醇</td><td>C_3H_7OH</td><td>60</td><td>97.2</td></tr><tr><td>丁烷</td><td>C_4H_{10}</td><td>58</td><td>-0.5</td></tr></table>	阅读教材、观察图表、分析数据。	培养学生分析数据和处理数据的能力。
		【板书】 4.醇的沸点变化规律: (1)同碳原子数醇,羟基数目越多,沸点越高; (2)醇碳原子数越多,沸点越高。 5.醇的物理性质和碳原子数的关系: (1)1～3个碳原子:无色中性液体,具有特殊的气味和辛辣味道; (2)4～11个碳原子:油状液体,部分溶于水; (3)12个碳原子以上:无色无味蜡状固体,难溶于水。	理解记忆	提高学生的理解能力。

【案例评析】

本案例首先采用多媒体教学资源展现了乙醇、丙醇、苯乙醇、乙二醇、丙三醇、苯丙醇、环戊醇等醇类物质的化学试剂及其分子结构模型;展现乙醇、丙三醇的性质及其在生产生活中的应用。然后教师讲解并用板书呈现醇类物质的组成与结构,类比脂肪烃、芳香烃、卤代烃的命名规则,介绍醇类物质的命名。最后通过比较、分析不同醇类物质密度、熔沸点、溶解性等性质之间差异,归纳总结醇类物质的物理性质,发展学生"证据推理与模型认知""科学态度与社会责任"等核心素养。

整个教学过程有以下特色:

(1)注重真实问题情境的创设

通过"医用酒精、工业酒精的主要成分""化妆品常用丙三醇做溶剂"及"工业中醇类物质的应用"等真实问题情境导入教学,激发学生的学习兴趣,走入醇的世界,促使学生积极查阅相关资料,体会化学学科价值,感受化学与社会生产、生活的相互关系,赞赏化学对社会发展做出的贡献,增强学好化学造福人类的信念。

(2)渗透"宏-微-符"三重表征

展示部分醇类化学试剂及其球棍模型与比例模型,引导学生学会对醇类物质进行分类,培养学生从物质的宏观特征入手对物质进行分类和表征、从宏观与微观两个角度认识物质的多样性的能力;通过不同类型醇类物质的物理性质的数据分析,引导学生通过归纳分析,讨论交流,联系物质的组成和结构解释宏观现象。同时通过类比方法,培养学生能够运用化学符号表征简单物质的能力。

"醇和酚"第3课时教学设计

教材链接:普通高中教科书《化学》选择性必修3 有机化学基础(山东科学技术出版社,2019年)。

主要内容:苯酚的物理性质与化学性质;苯酚、醇与苯性质的不同。

【案例描述】

一、教学与评价目标

(一)教学目标

1. 通过实验探究,认识苯酚的物理性质与化学性质。

2. 掌握"酚羟基"与苯酚化学性质的关系。

(二)评价目标

1. 通过对学生探究活动能力的测评,诊断并发展学生的科学探究与创新意识素养。

2. 通过对学生掌握苯酚、乙醇、苯结构和性质的程度的测评,诊断学生对"酚羟基"的理解水平,发展学生的证据推理与模型认知素养。

二、教学与评价思路

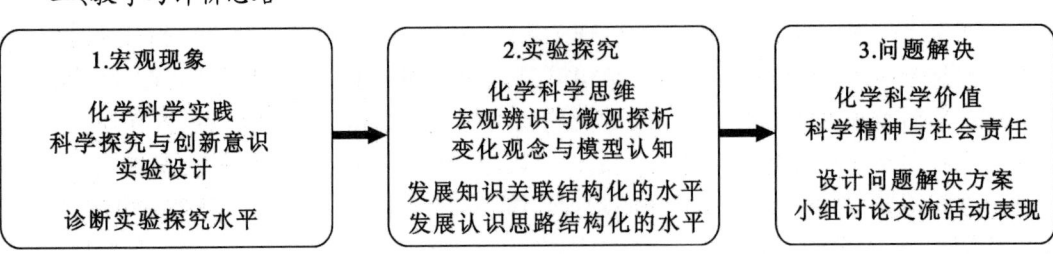

图 5-10 教学与评价思路图

三、教学流程

（一）宏观现象

【学习任务1】苯酚的物理性质。

【评价任务1】诊断并发展学生宏观辨识能力。

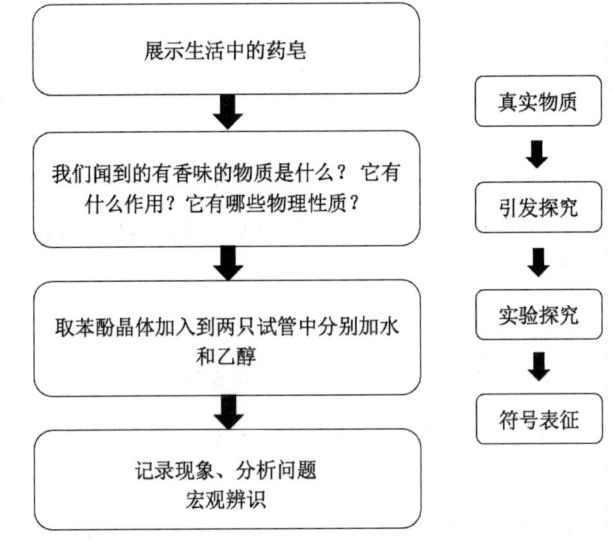

图 5-11 学习任务 1 教学流程图

教学环节	教学内容	教学活动		设计理念
		教师活动	学生活动	
引入新课	苯酚的物理性质及用途	【展示】生活中的药皂 让同学闻一闻药皂的特殊气味；展示案例：医院通过喷洒苯酚的稀溶液杀菌消毒。	观察思考	创设情境 引入新课

第五章　有机化合物教学案例研究

续表

教学环节	教学内容	教学活动		设计理念
		教师活动	学生活动	
引入新课	苯酚的物理性质及用途	【板书】 苯酚 1.定义:羟基直接与苯环相接的一类烃的含氧衍生物。	理解记忆	
		【实验】取苯酚晶体加入两只试管中,再分别加水和乙醇,让学生闻一闻气味。 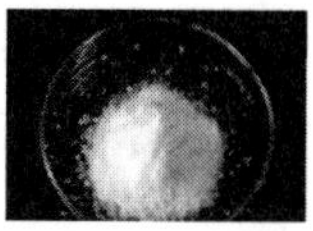	观察实验得出苯酚物理性质。	培养学生实验探究、观察和分析的能力。
		【板书】 2.物理性质 (1)纯净的苯酚是无色晶体,具有特殊的气味,熔点43℃,暴露在空气中会因部分氧化而显粉红色。  (2)易溶于有机溶剂。室温时,在水中溶解度不大,当温度高于65℃时,能与水混溶。 (3)苯酚有毒,对皮肤有强烈的腐蚀性(使用时,要注意安全,若不慎在皮肤上沾到苯酚,应立即用酒精擦洗)。	总结苯酚的物理性质(颜色、状态、气味、溶解性等)并理解记忆。	

(二)实验探究

【学习任务2】苯酚的化学性质。

【评价任务2】诊断并发展学生的实验探究水平和对"结构决定性质"的认识。

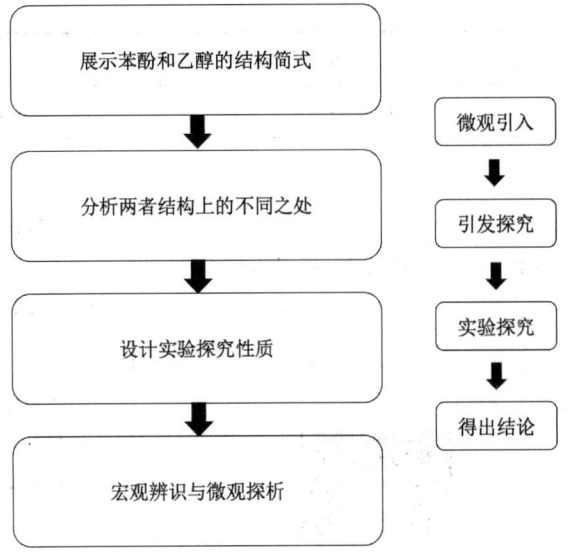

图 5-12 学习任务 2 教学流程图

教学环节	教学内容	教学活动		设计理念
		教师活动	学生活动	
实验探究	苯酚的化学性质	【过渡】我们学习了苯酚的物理性质，那么它有哪些化学性质呢？请同学们根据苯酚的结构进行分析。	分析、思考、预测	调动学生的学习积极性和学习热情；且承上启下。
		【实验】 (1) 取少量的苯酚加入试管中，振荡，逐滴加入氢氧化钠溶液，观察现象；再把上述滴入氢氧化钠后的溶液分成两份，一份滴加盐酸，另一份通入 CO_2，观察现象。 (2) 取少量的苯酚加入试管中，振荡，滴加碳酸钠溶液，观察实验现象，再加入氯化钡溶液，观察实验现象。 (3) 向盛有少量苯酚稀溶液的试管里滴加过量的浓溴水，观察并记录实验现象。 (4) 向盛有少量苯酚稀溶液的试管里滴加 $FeCl_3$ 溶液，观察并记录实验现象。	学生分组实验。观察、分析得出苯酚的化学性质。	培养学生透过现象看本质的能力及预测物质性质、检验物质性质的能力。

续表

教学环节	教学内容	教学活动		设计理念
		教师活动	学生活动	
实验探究	苯酚的化学性质	【板书总结】 (1)苯酚的酸性 (2)苯酚的取代反应 (3)苯酚易被氧化为粉红色物质	学生根据老师的提示及苯酚结构分析写出反应方程式，理解记忆。	领悟新知
拓展交流	化学性质应用	【思考与交流】 1.苯酚有毒,对皮肤有腐蚀性,使用时一定要小心,如不慎沾到皮肤上,应如何处理？ 2.如何检验一份溶液中是否含有苯酚？	学生讨论总结	温故知新 学以致用

(三)问题解决

【学习任务3】通过对有价值问题的提出和讨论,培养严谨求实的科学态度。

【评价任务3】诊断并发展学生对化学价值的认识和理解水平(学科价值视角、社会价值视角、学科和社会价值视角)。

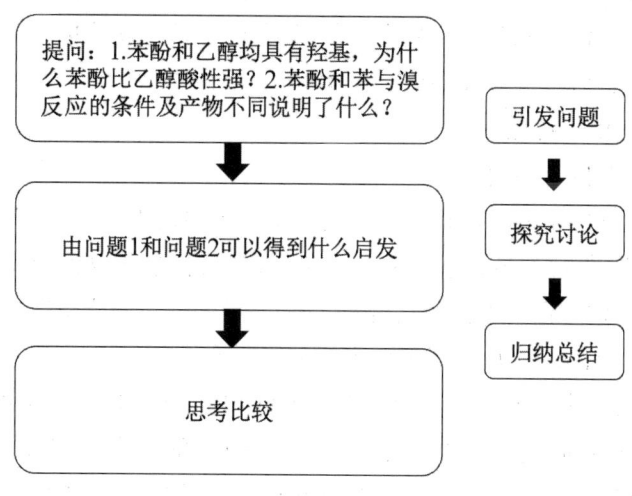

图5-13　学习任务3教学流程图

教学环节	教学内容	教学活动		设计理念
		教师活动	学生活动	
拓展交流	化学性质应用	【思考与交流】 3.苯酚和乙醇均具有羟基,而苯酚的酸性比乙醇强,这说明了什么? 4.从苯与溴及苯酚与溴反应的条件及产物去分析,我们能得出什么结论? 5.由问题1和问题2我们得到了什么启发? 6.从苯酚钠与CO_2反应的方程式,得到的启示去分析下列反应能否发生? 若发生,请写出反应的化学方程式。 (1)苯酚钠与碳酸氢钠 (2)苯酚与碳酸钠 老师指导分析	学生讨论总结	温故知新 学以致用

【案例评析】

本案例教师以生活中常见的药皂引入新课,首先教师展示苯酚的化学试剂,让学生总结苯酚的物理性质;然后教师展示苯酚的分子结构模型,让学生书写苯酚的分子式、结构式和结构简式,让学生基于苯酚的分子结构推测苯酚的化学性质。最后学生通过完成苯酚化学性质的探究实验,形成对苯酚的全面认识。从不同的角度落实新课标中"证据推理与模型认知""科学探究与创新意识"等素养要求。

整个教学过程有以下特色:

(1)突出真实问题情境的创设

通过"药皂中有香味的物质是苯酚""医院中使用苯酚消毒"等真实问题情境导入教学,激发学生的学习兴趣,促使学生积极查阅相关资料,体会化学学科价值,感受化学与社会生产、生活的相互关系,赞赏化学对社会发展做出的贡献,增强学好化学造福人类的信念。

(2)从"结构决定性质"的角度分析物质的化学性质

在教学过程中教师多次突出对苯酚结构的分析,引导学生通过苯酚的结构预测物理性质并分析解释其化学性质,进一步体会有机物结构和性质的关系,从宏观认识到微观辨析再到符号表征,从多重角度培养学生提出问题、解决问题、归纳总结的能力。

第三节 醛酮教学案例研究

"醛酮"教学设计

教材链接:普通高中教科书《化学》选择性必修 3 有机化学基础(人民教育出版社,2019年)。

主要内容:醛酮的物理性质及结构特点;醛酮的化学性质;醛酮的应用。

【案例描述】

一、教学与评价目标

(一)教学目标

1. 了解醛、酮是化学实验室的常用试剂,通过观察和实验探究认识甲醛和丙酮的物理性质,培养学生宏观辨识的素养。

2. 通过比较醛、酮的结构式及结构特点,分析醛和酮分子中官能团的相似和不同之处,能够基于证据预测并解释醛、酮可能发生的化学反应。

3. 实验探究醛、酮的主要化学性质,并从反应条件、生成物种类等角度对比醛、酮性质上的差异,能利用醛、酮的主要化学反应实现醛、酮到羧酸、醇等烃的衍生物之间的相互转化。

(二)评价目标

1. 通过观察和实验探究醛、酮的物理性质,诊断并发展学生的宏观辨识的能力和实验操作水平(宏观辨识、科学探究)。

2. 通过实验探究醛的氧化反应,诊断并发展学生的实验探究水平(定性水平)。

3. 通过对有机化合物结构与性质的关系有所了解后,要求学生基于结构推测性质的思想方法研究醛和酮的化学性质,诊断并发展学生对建立化学模型的认识(模型认知)。

4. 通过对醛、酮在实际生产和生活中的应用的讨论与点评,诊断并发展学生对化学价值的认识水平(学科价值视角、社会价值视角)。

二、教学与评价思路

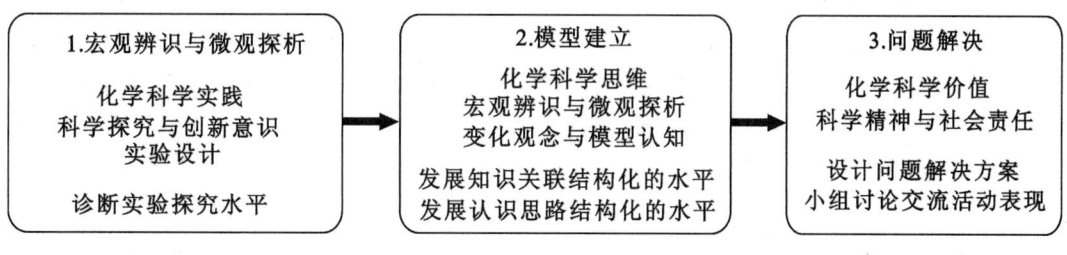

图 5-14 教学与评价思路图

三、教学流程

(一)宏观辨识与微观探析

【学习任务1】醛、酮的物理性质。

【评价任务1】诊断并发展学生宏观辨识能力。

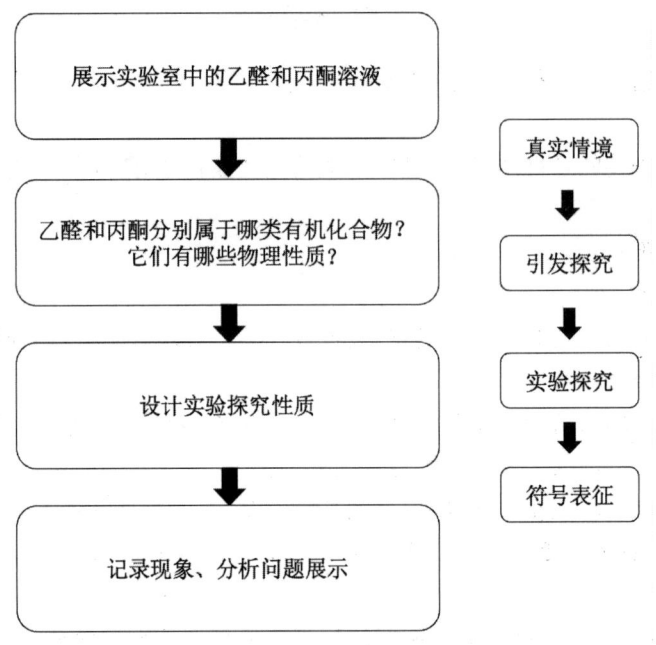

图5-15 学习任务1教学流程图

教学环节	教学内容	教学活动		设计理念
		教师活动	学生活动	
引入新课	实验室常见的乙醛和丙酮	展示乙醛和丙酮溶液。请同学们探讨下问题：1. 它们的物理性质分别是什么？2. 给出乙醛和丙酮的结构简式,分析两者中各含有什么官能团？	复习：通过简单的实验探究醛、酮的物理性质。思考：根据结构简式分析醛、酮的官能团及所属物质的种类。	从实际情景导入新课的学习。启迪思维,培养学生探究知识的能力。

(二)模型建立

【学习任务2】揭示醛和酮化学性质相同点和不同点的本质原因。

【评价任务2】诊断并发展学生对醛酮性质不同本质原因的认识进阶(结构水平、元素水平、微粒水平)。

第五章 有机化合物教学案例研究

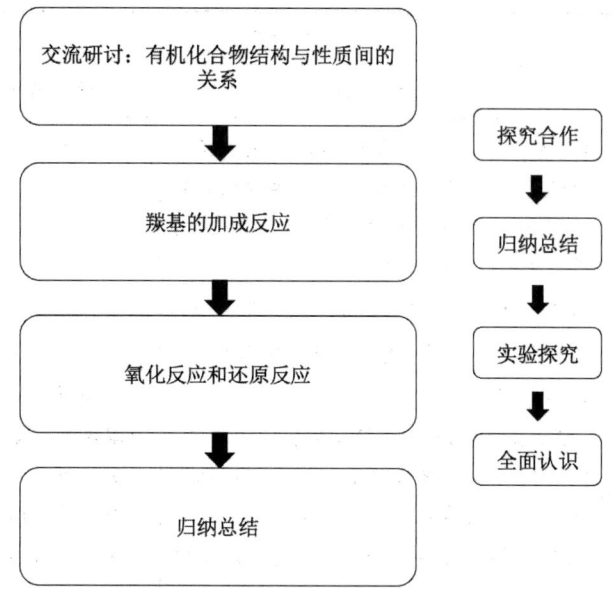

图 5-16 学习任务 2 教学流程图

教学环节	教学内容	教学活动		设计理念
		教师活动	学生活动	
性质分析	醛和酮性质 1. 加成反应 2. 氧化反应 3. 还原反应	动画:醛、酮羰基的极性结构。 动画:醛、酮可能发生的化学反应及断键位置。 【过渡】接下来我们共同探讨羰基的加成反应。 动画:不饱和基团与极性试剂的加成历程;羰基与极性试剂的加成示意图。 1. 醛、酮与氢氰酸的加成 【迁移应用】试写出乙醛与氢氰酸、氨及甲醇反应的产物及反应过程。 醛、酮的自身加成:醛、酮自身加成的产物分子中含羟基和醛基,所以也叫羟醛缩合反应。 【讲述】现在市场上出现了一些祛除甲醛的空气净化器,如光触媒空气净化器,请同学们阅读它的工作原理,分析甲醛有什么样的化学性质? 【过渡】甲醛虽然常见,但它是气体,研究起来不够方便。我们以乙醛为例研究醛的性质。	师生共同分析:羰基是不饱和的极性结构。 学生探讨、预测:醛、酮可能发生的化学反应。 学生由动画回忆巩固:不饱和基团与极性试剂的加成历程。 学生分析:羰基与极性试剂加成的方式。 学生探讨:醛、酮与氢氰酸的加成。 学生分组练习写出:乙醛与三种试剂反应的生成产物。	引导学生从结构推导性质;初步建立由结构预测反应类型的思路。 通过归纳、总结,进一步消化难点。 通过生活中常见的情景引发学习兴趣。 通过实验帮助学生理解醛、酮的性质。

续表

教学环节	教学内容	教学活动		设计理念
		教师活动	学生活动	
性质分析	醛和酮性质 1. 加成反应 2. 氧化反应 3. 还原反应	【引导】我们研究醛的还原性，必须选择合适的氧化剂，学案上给出了一些常见的氧化剂，请小组同学交流选择哪种氧化剂，并说出你选择的理由。 氧化剂：$KMnO_4(H^+)$ 溶液、浓硫酸、硝酸、银氨溶液 $[Ag(NH_3)_2]OH$ 和新制 $Cu(OH)_2$ 溶液。 【演示实验】乙醛的银镜反应。 【提问】实验证明乙醛能被弱氧化剂银氨溶液氧化，具有较强的还原性。还需要再做乙醛被 $KMnO_4(H^+)$ 溶液氧化的实验吗？为什么？ 【提问】丙酮是否和乙醛一样，也可以发生氧化反应？ 【实验验证】乙醛、丙酮中加入 $KMnO_4(H^+)$ 溶液。 【讲解】乙醛可以被酸性高锰酸钾氧化；丙酮不能被酸性高锰酸钾氧化，更不可能被弱氧化剂银氨溶液氧化。银镜反应是醛基的特征反应，常用于检验醛基。 【讲解】醛酮的羰基可以和氢气发生加成反应，即还原反应。	观察现象，注意银氨溶液的配制和实验注意事项。 书写化学方程式 不需要。能被弱氧化剂氧化，说明还原性强，自然能被强氧化剂氧化。 不需要，丙酮上的羰基不能被氧化。	

(三)问题解决

【学习任务3】根据醛类物质的性质，设计并讨论如何检验室内甲醛的含量。

【评价任务3】诊断并发展学生对化学价值的认识水平（学科价值视角、社会价值视角、学科和社会价值视角）。

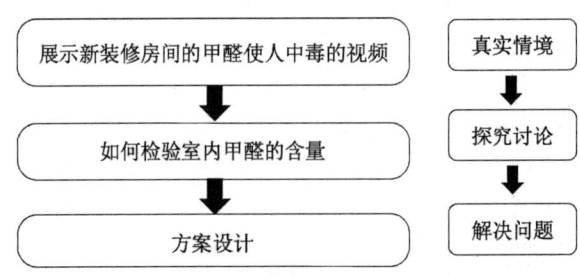

图 5-17　学习任务 3 教学流程图

教学环节	教学内容	教学活动		设计理念
		教师活动	学生活动	
问题解决	生活中的实际情境及问题	【引入】 新装修的房间内甲醛含量过高会威胁人的生命健康,那么如何利用醛类物质的化学性质检验房间内甲醛的含量呢? 目前市场上出售的甲醛检测仪所使用的检验甲醛的方法主要有以下七种:吸附法、化学吸收法、生物法、臭氧氧化法、等离子体技术、光催化法、膜吸收技术。 现阶段国内外研究的室内甲醛净化手段,虽然方法很多,但是实际推广应用的并不多。开窗通风、植物吸收主要用于污染程度较轻的场合,只能作为辅助手段;目前真正适合我国的室内空气净化器很贫乏,大家也可以运用所学的知识思考新的除甲醛的方法。	合作讨论	引发探究问题。 与生活实际相结合,体现学科价值。 培养学生运用所学知识解决实际生活中问题的意识。

(四)教学反馈

1. 下列试剂中,常用来检验醛基的是(　　)

A. 银氨溶液　　B. 新制 $Cu(OH)_2$ 悬浊液　　C. NaOH 溶液　　D. $FeCl_3$ 溶液

2. 下列物质中,与新制氢氧化铜悬浊液共热时能产生砖红色沉淀的是(　　)

A. $CH_2=CHCH_2OH$　B. CH_3COCH_3　C. CH_3CH_2CHO　D. $HOOCCH_2CH_3$

3. 下列反应中,有机物被还原的是(　　)

A. 乙醛的银镜反应　　B. 乙醛制乙醇　　C. 乙醇制乙醛　　D. 乙醇制乙烯

4. 下列物质中,既有氧化性又有还原性的是(　　)

A. CH_3CHO　　　B. SO_2　　　C. C_6H_6　　　D. CH_4

5. 在 2 mL 0.2 mol/L 的 $CuSO_4$ 溶液中加入 2 mL 0.2 mol/L 的 NaOH 溶液后,再加入 4-5 滴乙醛,加热时无红色沉淀生成,其原因是(　　)

A. 乙醛不足　　　B. 氢氧化铜不足　C. NaOH 溶液不足　D. 硫酸铜不足

6. 已知柠檬醛的结构简式为 $(CH_3)_2C=CHCH_2CH_2C=CH(CH_3)CHO$。根据学过知识判断下列说法不正确的是(　　)

A. 它可使酸性高锰酸钾溶液褪色　　　B. 它能使溴水褪色

C. 它可与银氨溶液反应　　　D. 若催化加氢,最终产物是 $C_{10}H_2O$

【案例评析】

醛酮是高中生继学习醇类物质后的又一重要烃的含氧衍生物,从知识体系来看,醛介于醇与羧酸之间,是实现醇与羧酸相互转换的桥梁。酮的内容,有助于强化羰基的加成反应规律,渗透官能团化学的思维。对醛酮官能团中极性碳氧双键性质的分析是对碳碳双键与碳卤极性单键学习的深化，可以帮助学生形成认识"极性多重键"的视角，丰富有机物结构与性质的认识模型。本案例从醛酮的物理性质引入，采用动画形式帮助学生认识羰基的结构和化学性质，通过探寻甲醛的消除方法，深化羰基的加成反应，通过乙醛的银镜反应学习醛基特征反应与检验，基于乙醛、丙酮与酸性高锰酸钾溶液的对比实验，体悟醛、酮的性质差异。

整个教学过程有以下特色：

(1)重视醛酮性质的认识模型构建

提供给学生官能团、极性、电负性等认识视角，请学生基于认识视角预测羰基可能发生的断键位置及化学性质，通过动画展示羰基与极性试剂的加成历程、羰基与极性试剂的加成示意图，帮助学生形成分析"极性多重键"的认识模型，通过测验室内甲醛含量、探寻甲醛的消除方法，巩固醛酮性质的认识模型，发展学生"结构决定性质，性质反映结构"的化学观念。

(2)通过真实情境实现知识迁移

通过分析空气去湿器祛除甲醛的工作原理，引导学生分析甲醛的化学性质，类比迁移醛类物质的化学性质。通过展示"甲醛中毒"案例，引导学生从解决化学问题的思维角度构建有机化学的思维模型，将醛类物质的性质及用途迁移至真实生活情境，培养学生的创新思维以及问题解决能力。

参考文献

苏宏岩,范斌.通过探寻甲醛的中毒原理和消除方法构建醛的认知模型：人教版高中化学选修5"醛"的单元教学设计[J].广西教育,2020(32):42-45.

第六章　科学探究与实验教学案例研究

第一节　质量守恒定律实验教学案例研究

"质量守恒定律"第1课时教学设计

教材链接：义务教育教科书《化学》九年级上册（人民教育出版社，2012年）义务教育教科书《化学》九年级上册（山东教育出版社，2012年）、义务教育教科书《化学》九年级上册（上海教育出版社，2012年）。

主要内容：质量守恒定律；质量守恒定律的本质；质量守恒定律的应用。

【案例描述】

一、教学与评价目标

（一）教学目标

1. 通过对"波义耳的失误，拉瓦锡的成功"实验过程的了解，培养学生验证质量守恒定律的思维方法。

2. 通过实验探究质量守恒定律。

3. 通过分析电解水过程中的化学变化，为学生用化学方程式解释未知问题、利用化学方程式进行定量计算等奠定基础。

（二）评价目标

1. 通过对"波义耳的失误，拉瓦锡的成功"实验过程的讲解，诊断并发展学生敢于质疑、严谨求实的科学态度以及证据推理的化学学科核心素养。

2. 通过对已知实验现象的分析，建立模型对红磷燃烧的实验过程进行探究，诊断并发展学生的实验探究水平。

3. 通过分析电解水过程中的化学变化，诊断并发展学生从宏观与微观相结合的角度认识和分析化学反应变化的能力。

二、教学与评价思路

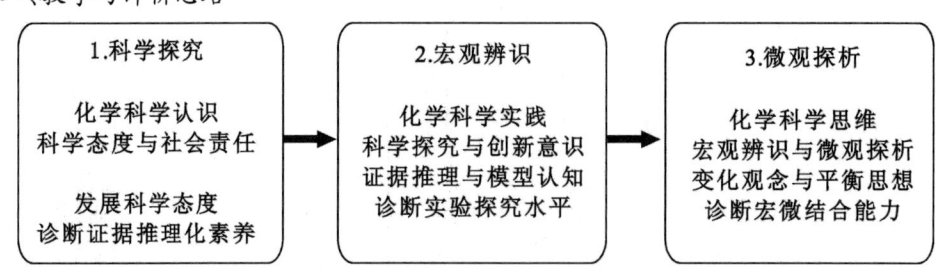

图6-1 "质量守恒定律"教学与评价思路示意图

三、教学流程

(一)科学探究

【学习任务1】根据展示的化学史中的案例,让学生了解、感受科学家科学发现的过程,并从中挖掘出实验验证质量守恒定律的思路和方法,形成通过证据和推理进行证实或证伪的观念。

【评价任务1】评价并发展学生观察、分析问题和推理的能力。

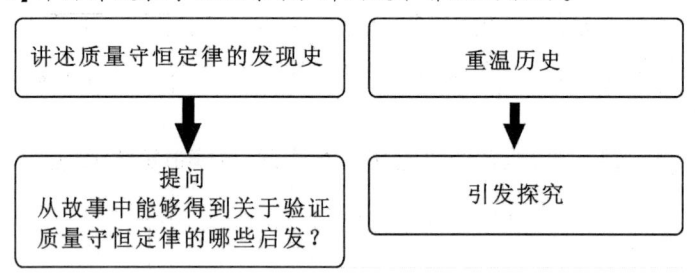

图6-2 学习任务1教学流程图

教学环节	教学内容	教学活动		设计理念
		教师活动	学生活动	
新课导入	质量守恒定律的发现史	【讲述】两位科学家的实验貌似相同,但实验结论却截然不同:波义耳在一个敞口的容器中加热金属,结果发现反应后容器中物质的质量增加了。而拉瓦锡用较精确的定量实验法,在密闭容器中研究氧化汞的分解与生成中各物质质量之间的关系。	沉浸于科学发现的过程,形成强调证据推理的严谨求真的科学态度。	利用真实史料,让学生学习科学家敢于质疑、严谨求实的科学态度,并从中挖掘出实验验证质量守恒定律的思路和方法,培养学生科学精神与社会责任、证据推理等化学学科核心素养。
		【提问】没有标准答案的科学家是怎么看待这一问题的?你对此有什么想法?你能得到什么结论?你的依据是什么?	【回答】设计的核心思想就是要形成密闭体系。	

第六章 科学探究与实验教学案例研究

(二)宏观辨识

【学习任务2】根据实验过程及现象,通过建立宏观思维框架对质量守恒定律进行表述。

【评价任务2】评价并发展学生的实验探究能力。

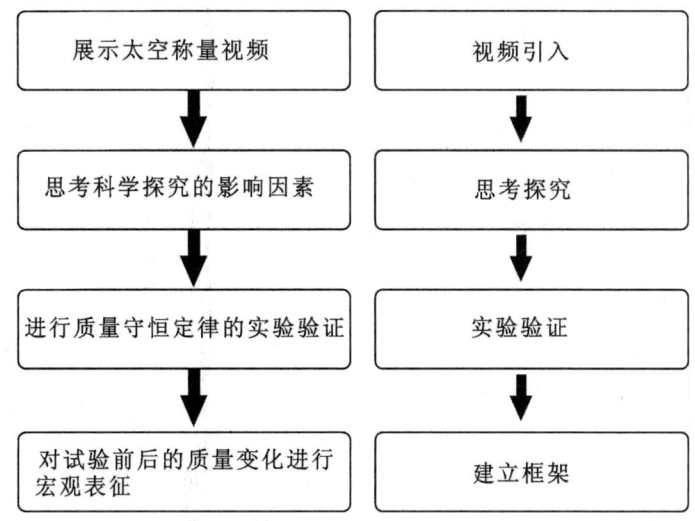

图6-3 学习任务2教学流程图

教学环节	教学内容	教学活动		设计理念
		教师活动	学生活动	
实验探究	关于质量守恒定律的实验探究	【视频】2013年我国宇航员王亚萍在太空实验室称量质量。 【提问】王亚萍在太空实验室里称量物质质量的方法与地球实验室相同吗? 【引导】因此,我们设计实验时,应充分考虑科学实验的环境因素。接下来我们来设计实验加以验证。	观看视频,引发思考。 【回答】不同,无法通过重力来称物体的质量了。 【实验1】硫酸铜溶液和氢氧化钠溶液反应前后质量的测定。 【现象】反应前后质量相等。 【实验2】石灰石与稀盐酸反应前后质量的测定。 【现象】反应前后质量相等。	通过"等"与"不等"的实验设计,让学生明确设计适当的密闭体系、选取合适精度的仪器设备对定量实验的重要性,以帮助学生建立解决化学问题的基本框架,从而培养学生基于证据分析做出推理判断和解决实际化学问题的能力,提升学生的科学探究与创新意识等。

续表

教学环节	教学内容	教学活动		设计理念
		教师活动	学生活动	
实验探究	关于质量守恒定律的实验探究	【视频实验3】红磷燃烧前后质量的测定。 【提问】敞口装置有大量白烟冲出,精度0.1g的电子天平称量后仍然相等,为什么?换用精度0.01g的电子天平,天平示数先减小,待锥形瓶冷却后示数又增大,为什么?	【讨论】引出精度问题。	利用"整个体系"内物质质量的思维框架图,对实验结果进行了去伪存真的分析,突出对"参加化学反应"内涵的理解,实现了从"整个体系"到"具体反应"的思维转换。从而,厘清了"证据"与"结论"的关系。
		【提问】通过以上几个实验,你认为实验探究质量守恒定律成功的关键有哪些?	【回答】是否采用"封闭装置",使实验装置封闭的方法有很多,如使用注射器、塞子等。	
		【小组讨论】你认为在化学反应过程中,反应物和生成物的质量是如何变化的呢?原因是什么? 【讲述】同学们只看到了实验的表面,而未看请化学反应的实质。事实上,我们看到的只是"m(仪器) + m(剩余物) + m(反应物) = m(仪器) + m(剩余物) + m(生成物)"。因此,需对称得的质量进行去伪存真的分析。下面,我们以硫酸铜溶液和氢氧化钠溶液反应为例,分析"整个体系"内物质质量,思维框架如图 $m(\text{NaOH 溶液})$ $\begin{cases} m[\text{Cu(OH)}_2] \\ m(\text{Na}_2\text{SO}_4 \text{ 溶液}) \\ m(\text{剩余 CuSO}_4 \text{ 溶液}) \end{cases}$ $m(\text{CuSO}_4 \text{ 溶液})$ ↓ $m(\text{NaOH})$ $\begin{cases} m[\text{Cu(OH)}_2] \\ m(\text{Na}_2\text{SO}_4) \\ m(\text{剩余 CuSO}_4) \end{cases}$ $m(\text{CuSO}_4)$ ↓ $m(\text{NaOH})$ $m(\text{参加 CuSO}_4)$ $\begin{cases} m[\text{Cu(OH)}_2] \\ m(\text{Na}_2\text{SO}_4) \\ m(\text{剩余 CuSO}_4) \end{cases}$ $m(\text{剩余 CuSO}_4)$ 【板书】质量守恒定律:参加化学反应的各物质的质量总和,等于反应后生成的各物质的质量总和。	【回答】反应前后,反应物和生成物的质量相等,反应前后天平示数仍然相等。	

(三)微观探析

【学习任务3】根据电解水的案例,让学生认识到质量守恒定律在宏观上的表述和微观上的分析,并能够基于宏微结合的思想进行简单的应用与计算,理解并总结质量守恒定律的实质。

【评价任务3】诊断并发展学生进行科学分析、得出科学结论的能力。

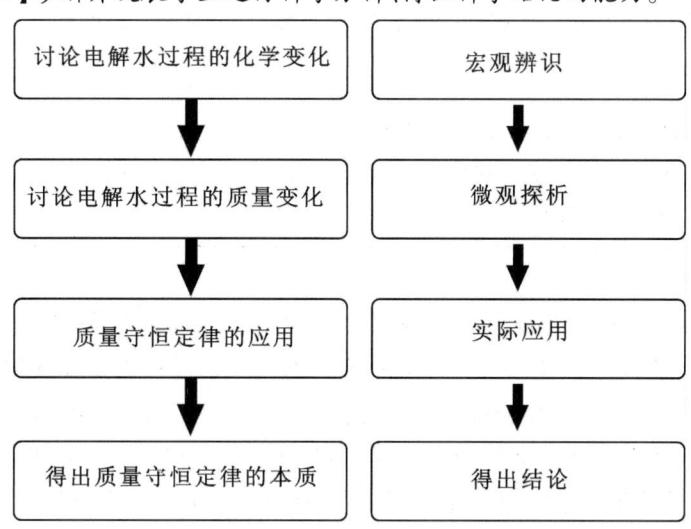

图6-4 学习任务3教学流程图

教学环节	教学内容	教学活动		设计理念
		教师活动	学生活动	
微观探析	质量守恒定律的宏微结合与应用	【板书】电解水过程示意图 水分子 分解→ 氢原子 氧原子 结合→ 氢分子 氧分子 【提问】谈谈你对物质的化学变化的认识。	【回答】化学反应中,参加反应的各物质的原子,重新组合生成其他物质。参加反应的H_2O与反应后生成的H_2、O_2的分子数目比为2:1:2,反应前后氢、氧原子的种类和数目都不变。	从定性、定量两个视角分析化学反应的本质,为解释"水不能变成油"等原本未知的问题、化学方程式和利用化学方程式的定量计算等奠定基础。从而逐步建立起物质变化观、微粒观、元素观等化学基本观念,最终形成宏观辨识与微观探析、变化观念与平衡思想等化学学科核心素养。
		【提问】请同学们通过计算分析反应物和生成物的相对质量的变化情况。	【回答】反应前为:$2×(2+16)=36$,反应后为:$2×1×2+2×16=36$,故反应前后物质总质量相等。	

155

续表

教学环节	教学内容	教学活动		设计理念
		教师活动	学生活动	
微观探析	质量守恒定律的宏微结合与应用	【应用】参加反应的水和生成的氢气、氧气的质量比是多少呢?若要得到16g氧气,需要电解多少水?	【回答】计算得出:9:1:8,需要电解16g水。	
		【总结】由此可以得出,质量守恒定律的实质是:在化学变化中,反应前后原子种类和数目不变、原子的质量不变。	进行课堂练习。	

【案例评析】

质量守恒定律是初中化学最重要的内容之一,更是整个化学学习过程中必须要遵守的基础定律。通过本节课的学习,学生不仅能够对已有的知识进行巩固和深化,而且还可以从量的方面开始研究化学反应的规律,为今后化学方程式的书写、化学计算以及化学反应的实质提供理论依据。本案例从波义耳和拉瓦锡的质量守恒对比实验引入,开启学生实验探究思路;通过三个实验验证质量守恒定律,厘清"不变"和"守恒",帮助学生理解质量守恒定律的内涵;基于电解水的案例,定性、定量分析化学反应的本质,进而使学生从宏观、微观角度理解质量守恒定律的实质。

整个教学过程有以下特色:

(1)注重化学史在教学过程中的作用

从波义耳和拉瓦锡对于质量守恒定律的探究过程引入,增加学生对化学史的了解,使学科形象更加丰满。通过两位科学家实验过程的对比,使学生有所感,有所悟。波义耳在实验过程中并未注意到环境对于科学探究的影响,而拉瓦锡巧妙地设计实验使环境因素得以体现。这不仅启发同学们将环境条件纳入日后科学探究的重要影响因素中,而且对于后续的质量守恒验证实验有着启发和引导作用。

(2)将高中化学核心素养引入初中化学的学习中

本案例以化学史引入新课,着眼于提高学生的科学素质,发展学生的科学态度与社会责任;在探究质量守恒定律实验时,针对有气体生成的反应,引导学生改进实验仪器,例如使用注射器、塞子等,发展了学生的科学探究与创新意识的核心素养;在总结氢氧化钠和硫酸铜的反应中,借助思维框架图,清晰地表示出反应前后体系的变化,去伪存真,厘清"不变"和"守恒"的关系,体现了证据推理与模型认知、变化观念与平衡思想的核心素养;通过电解水过程示意图,引导学生从微观角度解释宏观守恒,渗透了宏观辨识与微观探析的核心素养。

第二节　铁的重要化合物实验教学案例研究

"铁及其化合物"第3课时教学设计

教材链接:普通高中教科书《化学》必修第一册(山东科学技术出版社,2019年)。
主要内容:Fe^{3+}、Fe^{2+}的检验方法;Fe^{3+}、Fe^{2+}相互转化的条件。

【案例描述】

一、教学与评价目标

(一)教学目标

1.通过科学探究过程,从物质类别及氧化性、还原性等角度认识铁的化合物的主要性质及相互转化途径,初步建立价类二维元素观。

2.通过对铁的化合物性质的研究过程,引导学生初步确立研究元素化合物性质的思路和方法。

3.通过探究实验活动,提高学生的化学实验能力和化学思维能力。

(二)评价目标

1.通过对补铁剂中铁元素价态的探究实验设计方案的交流和点评,诊断并发展学生实验探究的水平。

2.通过对Fe^{2+}与Fe^{3+}相互转化条件的探究实验方案的设计与实施,诊断并发展学生对物质及其转化思路的认识水平和探究实验方案的设计水平。

3.通过对补铁剂预防变质失效措施的讨论,诊断并发展学生解决实际问题的能力水平及其对化学价值的认识水平。

二、教学与评价思路

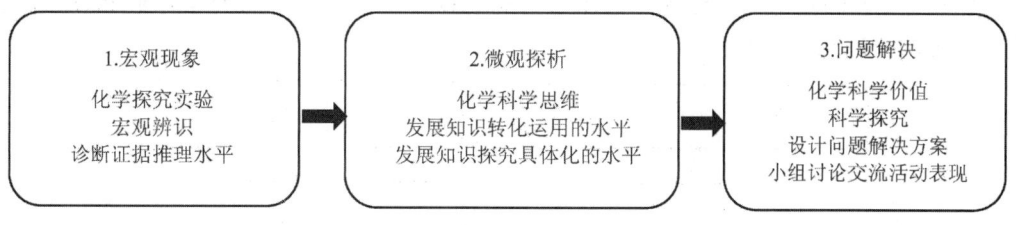

图6-5　铁的重要化合物教学与评价思路示意图

三、教学流程

(一)宏观现象

【学习任务1】自主复习及图表展示铁及其重要化合物的分类,认识价类二维图。

【评价任务1】通过对铁及其化合物价类二维图的展示交流和点评,诊断并发展学生模型认知的水平。

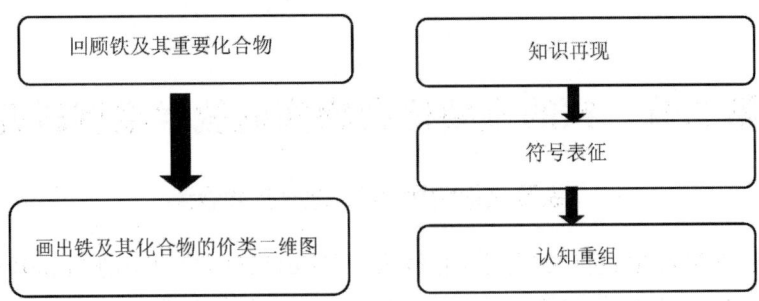

图 6-6 学习任务 1 教学流程图

教学环节	教学内容	教学活动		设计理念
		教师活动	学生活动	
导入新课	铁及其化合物的价类二维图	【引入】从化合价与物质类别对铁及其化合物进行分类。下面我来展示两位同学的答案。 【媒体展示】铁及其化合物的价类二维图 化合价 +3　　Fe_2O_3　$FeCl_3$　$Fe(OH)_3$ 　　　　　Fe_3O_4 +2　　FeO　　$FeCl_2$　$Fe(OH)_2$ 0　　Fe 　　单质　氧化物　盐　氢氧化物　类别	展示图表：认识铁及其重要化合物与其化合价的关系。	运用分类法对物质进行分类，体验分类研究物质的思想，建立起物质类别－化合价二维认知视图。

(二)微观探析

【学习任务2】对补铁剂中的铁元素进行实验探究，并设计方案进行验证。

【评价任务2】通过对补铁剂中铁元素价态的探究实验设计方案的交流和点评，诊断并发展学生实验探究的水平。

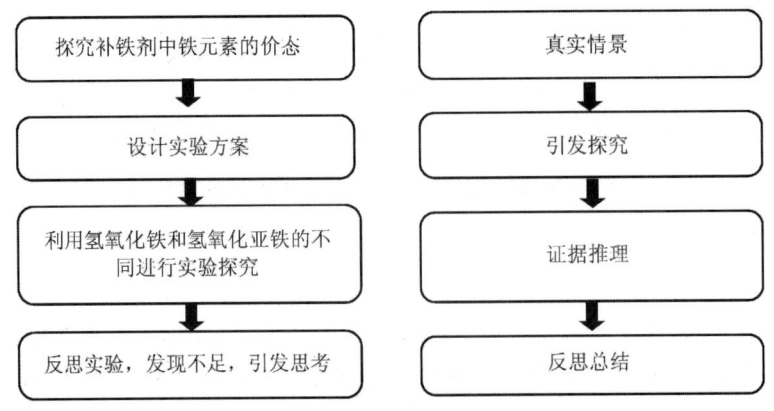

图 6-7 学习任务 2 教学流程图

第六章　科学探究与实验教学案例研究

教学环节	教学内容	教学活动		设计理念
		教师活动	学生活动	
创设情境	探究补铁剂中铁元素的价态	【讲述展示】铁的化合物应用广泛，补铁剂就是其中一种，我手头有一种补铁剂，已知它的主要成分是某价态铁的硫酸盐，并且不含其他金属元素，究竟是几价铁的硫酸盐呢，我希望同学们通过科学探究告诉我答案。 【PPT展示】回顾科学探究的一般流程 【设问】怎么证明补铁剂中的铁元素是二价铁还是三价铁呢？	学生思考 【回答】氢氧化物沉淀法，通过观察生成沉淀的颜色来判断铁元素的价态。	让学生利用已有知识主动思考 Fe^{2+}、Fe^{3+} 的检验方法，锻炼学生运用知识解决实际问题的能力，培养学生的成就感。
设计探究方案	设计探究补铁剂中铁元素化合价的方案	【媒体展示】资料卡片：$Fe(OH)_2$ 为白色，$Fe(OH)_3$ 为红褐色。 【追问】直接向固体颗粒中加 NaOH 溶液吗？ 【提出问题】补铁剂中铁元素的价态是 +2 价还是 +3 价？ 【作出假设】补铁剂中的铁元素是 +2 价。 【设计方案】 ①将补铁剂颗粒溶于适量水； ②取少量补铁剂溶液，加入 NaOH 溶液。	【学生1】向补铁剂中加入 NaOH 溶液，若生成白色沉淀，说明含 Fe^{2+}；若生成红褐色沉淀，说明含 Fe^{3+}。 【学生2】未溶解的固体颗粒会影响对沉淀的观察，所以需要先将补铁剂颗粒溶于水再加 NaOH 溶液。	将 Fe^{2+}、Fe^{3+} 的检验方法转化成具有操作性的方案，培养学生依据探究目的设计探究方案的能力，加深对科学探究核心要素的认识。
实验验证	学生开展补铁剂与氢氧化钠的实验并分析。	【分发试剂】 补铁剂颗粒加约 1/3 试管水充分溶解后，倒出 2~3 mL 用于本实验，剩余溶液用到后续实验；取 $FeCl_2$、$FeCl_3$ 溶液开展对照实验。 【汇报点评】学生汇报在实验中获取到的证据（实验现象）及由此所得出的结论，教师点评后投影展示（如表1所示）。	【学生活动】各小组按要求，在投影有关步骤和试剂用量指导下开展实验。	培养学生运用模型方法解决问题的能力。

续表

教学环节	教学内容	教学活动		设计理念
		教师活动	学生活动	
实验验证	学生开展补铁剂与氢氧化钠的实验并分析	**表1 实验现象及结论** | 向下列溶液中分别加入NaOH溶液	发生现象	离子方程式（或结论）
---	---	---
$FeCl_2$	生成的白色沉淀迅速变灰绿色	$Fe^{2+} +2OH^- = Fe(OH)_2\downarrow$
$FeCl_3$	生成红褐色沉淀	$Fe^{3+} +3OH^- = Fe(OH)_3\downarrow$
补铁剂	生成的白色沉淀迅速变灰绿色	结论：补铁剂中铁元素的价态为+2价 | 【结论】补铁剂中铁元素的价态为+2价。 【追问】资料卡片说氢氧化亚铁是白色的，但实验中得到的白色沉淀却迅速变成了灰绿色沉淀，这是什么原因，你能否根据价类二维图作初步的分析、判断。 【展示点评】学生回答沉淀呈灰绿色的可能原因，教师点评，指出氢氧化亚铁被氧化的最终产物为氢氧化铁。方程式为：$4Fe(OH)_2 + O_2 +2H_2O =4Fe(OH)_3$，如何制备纯净的氢氧化亚铁，留给同学们课下思考。	【学生活动】分析思考沉淀呈灰绿色的原因。	培养学生的分工协作意识和实验操作技能，让学生体会基于证据进行分析和推理对科学探究的重要性。

(三) 问题解决

【学习任务3】能够利用KSCN鉴别铁离子与亚铁离子，掌握Fe^{2+}与Fe^{3+}相互转化条件，利用化学知识讨论使补铁剂不变质的方法。

【评价任务3】通过对Fe^{2+}与Fe^{3+}相互转化条件的探究实验方案的设计与实施，诊断并发展学生对物质及其转化思路的认识水平和探究实验方案的设计水平。

第六章 科学探究与实验教学案例研究

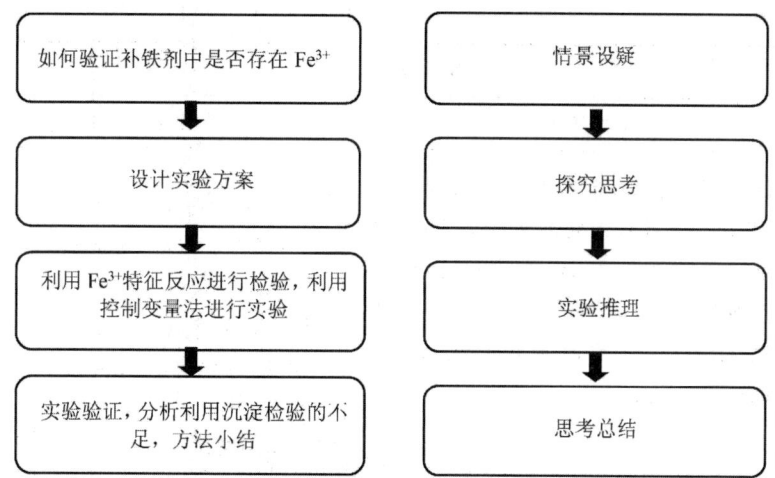

图 6-8 学习任务 3 教学流程图

教学环节	教学内容	教学活动		设计理念
		教师活动	学生活动	
实验探究	通过 Fe^{3+} 与 KSCN 的特征反应鉴定补铁剂溶液中是否含有 Fe^{3+}	【追问】氢氧化亚铁容易被氧化，那么 Fe^{2+} 的情况怎样呢？补铁剂中 Fe^{2+} 在生成氢氧化物沉淀之前会不会已经有极少量被氧化呢？又该如何检验呢？ 【PPT 展示】资料卡片：含有 Fe^{3+} 的溶液与 KSCN 作用会得到红色溶液，其他离子无此性质。这一反应是 Fe^{3+} 的特征反应，并且非常灵敏，极少量的 Fe^{3+} 也能检验出来。 【设问】如何检验补铁剂溶液中 Fe^{2+} 有没有开始被氧化呢？	【学生回答】向配成的补铁剂溶液中加入 KSCN 溶液，若溶液变红，则证明有 Fe^{3+}，Fe^{2+} 已经部分被氧化；反之，则没有被氧化。 【学生活动】学生在 PPT 信息提示下开展实验：分别取 2～3 mL（2 滴管）$FeCl_2$、$FeCl_3$、补铁剂，各加入 2～3 滴 KSCN 溶液，观察并记录实验现象。 【学生1】向 $FeCl_2$ 溶液中加入 KSCN 溶液，溶液不变红色；向 $FeCl_3$ 溶液中加入 KSCN 溶液，溶液变红色；向补铁剂溶液中加入 KSCN 溶液，溶液不变红色，说明补铁剂溶液中不含 Fe^{3+}，进而证明 Fe^{2+} 未被氧化。	运用分类法对物质进行分类，体验分类研究物质的思想，据此建立起以物质类别为横坐标，以化合价为纵坐标的二维认知视图。 让学生通过具体实验操作，进一步锻炼的实验操作技能，培养其合作意识和严谨求实的科学态度。 通过交流、展示、互动，初步树立对实验方案进行反思评

续表

教学环节	教学内容	教学活动		设计理念
		教师活动	学生活动	
实验探究	通过Fe^{3+}与KSCN的特征反应鉴定补铁剂溶液中是否含有Fe^{3+}	【激疑点评】哪位学生描述得更加客观呢?(有的学生在仔细观察实验试管中的溶液,有的学生则陷入沉思。)其实,两种情况都是有可能的,我们要充分尊重事实。试剂是前一天配制的,结果说明了Fe^{2+}是很容易被氧化的。 【追问】真的不能吗? 【点评】非常好,说明同学们已开始有意识地利用价类二维图来进行思考问题了。	【生2】向$FeCl_2$溶液中加入KSCN溶液,溶液显示微微的红色。 【生1】氢氧化物沉淀法现象明显,操作简单,但检验容易受到其他离子的干扰,有一定局限性。 【生2】KSCN法用于检验Fe^{3+}存在灵敏度高,结果可靠,但只能检验Fe^{3+},不能检验Fe^{2+}的存在。 【生3】可将其转化为Fe^{3+}来检验。	价和拓展的意识,为下一环节探究Fe^{2+}与Fe^{3+}相互转化的条件做好铺垫。

(四)变化观念

【学习任务4】通过探究使补铁剂不变质的方法,利用价类二维图实现铁的化合物之间的转化。

【评价任务4】通过对补铁剂防变质失效措施的讨论,诊断并发展学生解决实际问题的能力水平及其对化学价值的认识水平。

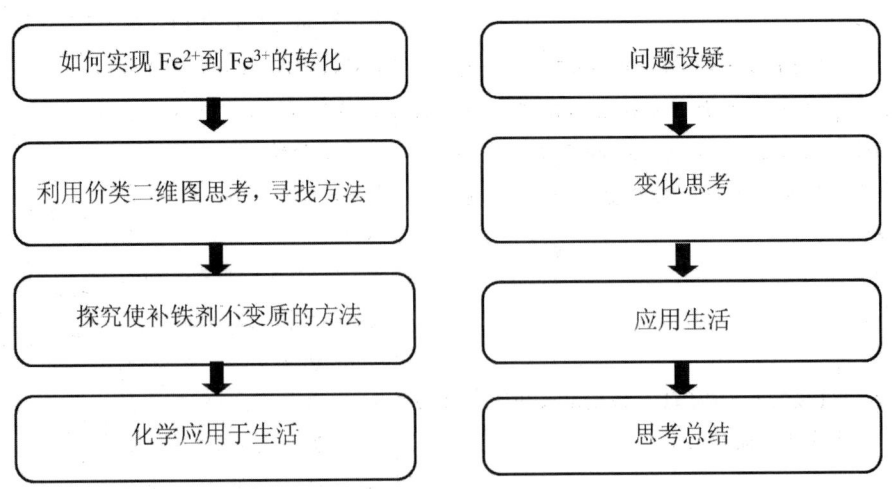

图6-9 学习任务4教学流程图

教学环节	教学内容	教学活动		设计理念
		教师活动	学生活动	
核心探究 概念建构 模型建构	探究Fe^{2+}与Fe^{3+}相互转化的条件	【过渡】哪些物质能够实现价类二维图中Fe^{2+}到Fe^{3+}的转化，哪些又能实现Fe^{3+}到Fe^{2+}的转化？这些转化条件对保存补铁剂有什么启示？请利用提供的试剂，设计适当的方案进行探究。 【追问】这样的方案在本实验中没什么问题，若某亚铁盐溶液中原本混有Fe^{3+}，你又如何说明Fe^{3+}是原本有的还是氧化生成的呢？ 【追问】现有试剂中，还有没有其他的具备这一功能？ 【PPT展示】教师对学生的方案进行点评完善后投影： 提出问题：哪些物质能将Fe^{2+}氧化成Fe^{3+}？哪些物质能将Fe^{3+}还原成Fe^{2+}？ 作出假设：Cl_2等物质能将Fe^{2+}氧化成Fe^{3+}；还原铁粉、维生素C等能将Fe^{3+}还原成Fe^{2+}。 设计方案：向$FeCl_2$溶液中加入KSCN溶液，再滴入3~5滴氯水(或双氧水)，如果加入氯水后溶液变成红色，说明氯水能够将Fe^{2+}氧化成Fe^{3+}；向上述溶液及任务2中加入了KSCN的$FeCl_3$溶液中分别加入一粒维生素C片和少量铁粉，如果溶液红色褪去，则说明维生素C片和铁粉能够将Fe^{3+}还原成Fe^{2+}。	【生1】我想，现有的试剂中氯水和双氧水可将Fe^{2+}氧化成Fe^{3+}，因此向$FeCl_2$溶液中加入氯水或双氧水，再加入KSCN溶液，若溶液变红，则可证明前面猜想成立。 【生2】等…… 【生5】维生素C好像也能将Fe^{3+}还原成Fe^{2+}。 【学生活动】学生在PPT信息提示下开展探究实验，教师提醒学生同时取任务2中加入了KSCN的补铁剂溶液进行实验。 学生汇报： 【学生1】取$FeCl_2$溶液两份，各加入几滴KSCN溶液，溶液不变红，再分别加入氯水和双氧水，溶液均变红，说明氯水和双氧水均能将Fe^{2+}氧化成Fe^{3+}；向上述溶液及加入了KSCN的$FeCl_3$溶液中分别加入一粒维生素C片和少量铁粉，溶液红色均褪去，说明维生素C、铁粉均能将Fe^{3+}	通过对Fe^{2+}与Fe^{3+}相互转化条件的探究方案的设计，让学生体验从氧化还原反应角度选择合适氧化剂、还原剂的思维过程，充分认识试剂添加顺序对实验结果的影响，进一步树立严谨的科学态度，培养学生的实验操作技能和科学探究水平，体会严肃认真的态度对于科学探究的重要性。

续表

教学环节	教学内容	教学活动		设计理念
		教师活动	学生活动	
核心探究 概念建构 模型建构	探究Fe^{2+}与Fe^{3+}相互转化的条件	【追问】加入了 KSCN 的补铁剂溶液中加入氯水或双氧水,情况又如何? 【追问】这可能是什么原因呢? 【展示点评】教师展示说明书中药剂主要成分:硫酸亚铁、维生素C和葡萄糖,鼓励学生在实验和推理的基础上敢于质疑、勇于创新,勇攀科学高峰。 【拓展】除了 O_2、Cl_2、H_2O_2 外,还有 Br_2、浓 H_2SO_4、HNO_3、$KMnO_4$ 等能将 Fe^{2+} 氧化成 Fe^{3+};除了 Fe、维生素C外,还有 Cu、SO_2、I^-、SO_3^{2-} 等能将 Fe^{3+} 还原成 Fe^{2+}。	还原成 Fe^{2+}。 【生2】补铁剂溶液中先滴加 KSCN 再滴加氯水,观察到溶液瞬间变红又立即褪色。 【生3】补铁剂中可能含有其他还原性物质。 【板演】两名学生分别板演 $FeCl_2$ 溶液与氯水、$FeCl_3$ 溶液与铁粉反应的离子方程式,其他同学在笔记本上书写,书写完毕,教师点评并提示学有余力的同学课下尝试书写 $FeCl_2$ 溶液与双氧水反应的离子方程式。	
迁移应用	讨论防止补铁剂变质的措施	【设问】根据前面的探究和讨论,我们知道 Fe^{2+} 很容易被空气中的氧气所氧化,那么如何才能防止 Fe^{2+} 被氧化呢?首先思考我们配制的亚铁盐溶液,是如何防止其被氧化的。 【追问】它是怎样发挥作用的? 【追问】我们常用到的补铁剂呢? 【点评】教师同时展示几种补铁剂说明书,指出几乎所有的补铁剂药品说明书都有这样一句话:维生素C与本品同服,有利于本品吸收。由此,我想到了黄金搭档的一句经典广告词,维C和铁搭档,有助提高抵抗力,看来是有科学道理的。 【PPT展示】教师点评后展示补铁剂防变质的措施:密封、加入维生素C等还原性物质,干燥处保存(防潮)。 【小结】 【提示】学习元素化合物不仅要明通性,还要识共性,更要抓特性。	【回答】加入铁粉 【回答】因为它能将氧化生成的 Fe^{3+} 还原成 Fe^{2+}。 【回答】 【生1】作密封处理。 【生2】加入还原性物质,如维生素C。	让学生充分认识化学对于改善人类生活和促进社会进步发展所做出的重大贡献,引导其树立应有的社会责任和使命担当。 引导学生梳理本节课的知识内容,加深对价类二维认知模型的认识,体会其中渗透的学科核心素养与观点,增强学好化学、造福人类

续表

教学环节	教学内容	教学活动		设计理念
		教师活动	学生活动	
迁移应用	讨论防止补铁剂变质的措施	【PPT展示】小结过程中,播放幻灯片(如图3所示)。 图3 铁的重要化合物小结 【课后思考】 (1)设计制备纯净$Fe(OH)_2$的实验方案。 (2)依据价类二维图设计制备$FeSO_4$补铁剂的途径。	【生1】通过学习,掌握了Fe^{2+}、Fe^{3+}的检验及相互转化条件。 【生2】我们了解到了Fe^{2+}不仅具有氧化性又具有还原性。 【生3】知道了Fe^{3+}与KSCN反应的特性。 【生4】学科思想和方法上,加深了对氧化还原观的认识,了解了价类二维模型。	的决心与信心。通过设计制备纯净$Fe(OH)_2$的实验方案,增强学生利用已有知识解决实际问题的能力;通过设计制备$FeSO_4$补铁剂的途径,将补铁剂的素材引向课后。

【案例评析】

本案例以价类二维认知模型的建构引入,通过"补铁剂究竟是几价铁的硫酸盐""补铁剂溶液中是否含有Fe^{3+}""哪些措施能防止Fe^{2+}被氧化"三个问题推进教学,并让学生借助价类二维认知模型大胆猜想和假设上述三个问题,设计探究方案开展实验探究,验证猜想假设得出结论。从不同的角度落实新课标中"宏观辨识与微观探析""证据推理与模型认知""科学探究与创新意识""科学态度与社会责任"等素养要求。

整个教学过程有以下特色:

(1)注重真实问题情境的创设

本案例以"补铁剂究竟是几价铁的硫酸盐""补铁剂溶液中是否含有Fe^{3+}""哪些措施能防Fe^{2+}被氧化"三个问题推进教学,将对补铁剂主要成分的检验、变质条件和防护措施的探究与Fe^{2+}、Fe^{3+}的检验及其相互转化知识内容建立联系。案例中围绕探究过程展开猜想假设、方案设计、实验实施、证据收集、分析推理、交流评价等活动,发展学生的学科核心素养。

(2)注重理论模型的支撑

在价类二维认知模型的指导下,教师引导学生利用科学探究的方式进行学习,使得课程在问题情境创设和探究活动设计的基础上,具备了理论模型的支撑,为学生的猜想推理提供依据,增加学生学习的深度,以达到《普通高中化学课程标准(2017年版)》的学业要求"能从物质类别、元素价态的角度,依据复分解反应和氧化还原反应原理,预测物质的化学性质与变化"。

(3)注重基于"学习任务"开展"素养为本"的教学

本案例以素养为导向设计了4个学习任务:

① 建立价类二维认知模型,使学生初步具备理论模型。

② 小组实验探究补铁剂中铁元素价态,引导学生基于证据进行分析和推理验证猜想,得出结论。

③ 自主设计实验方案探究 Fe^{2+} 与 Fe^{3+} 相互转化条件,提高学生对物质及其转化思路的认识水平和设计实验方案的水平。

④ 讨论防止补铁剂变质失效的措施,引导学生运用所学知识解决实际问题。

在 4 个学习任务中发展学生"宏观辨识与微观探析""证据推理与模型认知""科学探究与创新意识""科学态度与社会责任"等学科核心素养。

第三节 化学反应速率的影响因素实验教学案例研究

"化学反应速率"第 2 课时教学设计

教材链接:普通高中教科书《化学》选择性必修 1 化学反应原理(江苏凤凰教育出版社,2019 年)。

主要内容:浓度、压强、温度、催化剂对化学反应速率的影响。

【案例描述】

一、教学与评价目标

(一)教学目标

1. 理解外界条件对于化学反应速率的影响,认识其一般规律,能从宏观和微观相结合视角去解决实际问题。

2. 运用控制变量法、对照实验法来分析、设计多因素影响的实验方案,通过分析、推理等方法认识研究事物的本质特征,建立认知模型,揭示现象的本质和规律。

3. 通过一系列实验认识到科学探究是进行科学解释和发现、创造和应用的科学实践活动。

(二)评价目标

1. 通过分析浓度、温度、压强、催化剂对化学反应速率的影响,诊断并发展学生实验设计水平。

2. 通过实验设计和实验过程,诊断并发展学生的实验探究能力。

3. 通过应用碰撞理论解释速率变化的本质原因,诊断并发展学生宏观辨识与微观探析的能力。

二、教学与评价思路

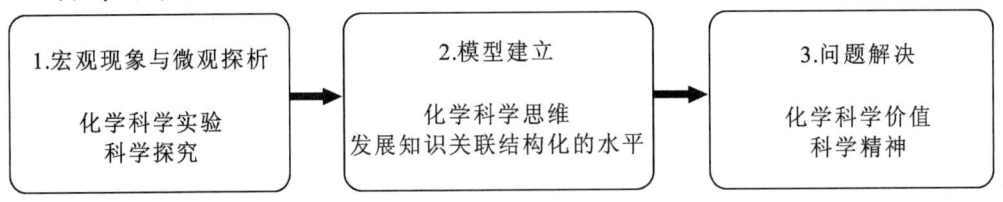

图 6-10 "化学反应速率的影响因素"教学与评价示意图

三、教学流程

(一)浓度与温度对化学反应速率的影响

【学习任务 1】探究浓度与温度因素对化学反应速率的影响。

【评价任务 1】诊断并发展学生宏观辨识与微观探析的能力、实验探究能力。

第六章 科学探究与实验教学案例研究

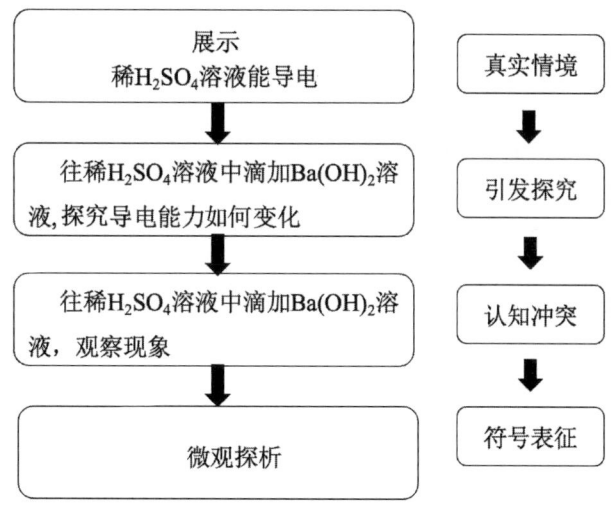

图 6-11 学习任务 1 教学流程图

教学环节	教学内容	教学活动		设计意图
		教师活动	学生活动	
重组实验 把控反应	浓度与温度对化学反应速率的影响	【课前准备】 1 个装有 10 mL 0.1 mol·L^{-1} 的 Na$_2$S$_2$O$_3$ 溶液的 50 mL 锥形瓶; 1 个装入 10 mL 0.1 mol·L^{-1} 的 H$_2$SO$_4$ 溶液的中号试管; 1 张正中间画有一个合适大小"田"字的 16 开白纸。 【演示实验】把锥形瓶置于白纸的"田"字上方,将试管中的溶液倒入到锥形瓶中,轻轻振荡后置于白纸上,观察实验过程中逐渐产生的淡黄色物质,记录完全覆盖"田"字所需的精确时间。 实验记录:202X 年 X 月 X 日,本地室内温度 X℃,本反应所需时间为 X 分 X 秒。 【讲述】同学们,这个实验是我们教材《实验化学》专题 4 中的一个实验,它是研究化学反应速率的一个实验。	小组内讨论,设计方案,并按设计方案准备实验。交流汇报小组的具体方案,然后同时开始操作实验。各组记录。 | 组别	演示	第一组	第二组	…
0.1 mol·L^{-1} Na$_2$S$_2$O$_3$ 溶液/mL	10			
C(Na$_2$S$_2$O$_3$)/mol·L^{-1}	0.05			
0.1 mol·L^{-1} H$_2$SO$_4$ 溶液/mL	10			
C(H$_2$SO$_4$)/mol·L^{-1}	0.05			
蒸馏水/mL	0			
反应体系温度/℃	X			
反应时间/s	X					实验探究的创新不仅是设计新的实验,也可以是通过对原有教材实验方案的调整和重组。要求学生通过小组讨论、方案设计、实验探究、交流分析,把控反应在限定时间内完成,这样的教材实验方案重排,调动了学生自觉地应用和感悟化学理论,充分地认识浓度与温度这两个外界条件对反应速率的影响,内化了知识。

167

续表

教学环节	教学内容	教学活动		设计意图
		教师活动	学生活动	
重组实验 把控反应	浓度与温度对化学反应速率的影响	【PPT展示】《实验化学》：专题4 课题1 硫代硫酸钠与酸反应速率的影响因素 $S_2O_3^{2-} + 2H^+ = SO_2\uparrow + S\downarrow + H_2O$ 【讲述】我们知道，对于特定的反应，除了反应物的性质外，反应物的浓度、体系的温度、压强和催化剂等都会对化学反应速率有影响。下面大家通过分组，一起来个探究实验比赛。大家先根据刚才的演示实验，讨论设计本小组的实验方案，三个试剂的总量为20 mL，列出欲用的反应物的用量（即浓度）与采用反应的温度，来尽量控制反应完全覆盖"田"字时间为2分钟，哪一组最接近2分钟就胜出。	探究实验	辅以讨论"碰撞理论"来解释速率变化的本质原因，不仅发展了学生"科学探究"的核心素养，还发展了"微观探析"的核心素养。
		【小结】x 小组采用 x mL 的 $0.1\text{mol}\cdot L^{-1}$ $Na_2S_2O_3$ 溶液与 x mL 的 $0.1\text{mol}\cdot L^{-1}$ H_2SO_4 溶液，调和 x mL 的蒸馏水，在 x ℃下进行反应，时间为 x 分 x 秒，最接近2分钟的一组。其他小组也来交流一下，没有接近2分钟的具体原因。	交流分析小组实验时间不为2分钟的原因。	
		【讲解】经过大家的实验数据表明，反应物的浓度越大，反应体系的温度越高，反应所需的时间就越短，即反应的速率就越快。为什么增大反应物的浓度，升高反应体系的温度可以加快化学反应的速率呢，下面我们用"碰撞理论"从微观上来探析原因。	阅读并领会教材"碰撞理论"内容。	

续表

教学环节	教学内容	教学活动		设计意图
		教师活动	学生活动	
重组实验 把控反应	浓度与温度对化学反应速率的影响	【小结】我们可以从单位体积内的"有效碰撞次数"和"活化分子数"两方面来解释浓度、温度影响反应速率的原因，同时还可以从"活化分子百分数"来解释两种因素影响化学速率的不同点。 | 外界因素	化学反应速率	单位体积内有效碰撞次数	单位体积内活化分子数	活化分子百分数 | |---|---|---|---|---|
增大反应物浓度	加快	增加	增加	不变
升高体系温度	加快	增加	增加	增加			

（二）压强对化学反应速率的影响

【学习任务2】探究压强对化学反应速率的影响。

【评价任务2】诊断并发展学生实验设计水平。

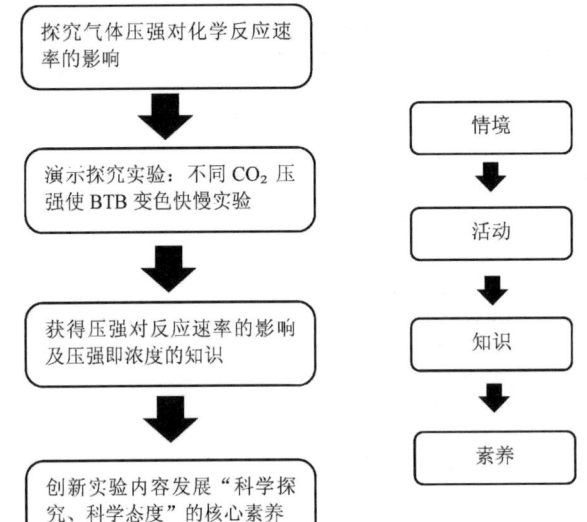

图 6-12　学习任务 2 教学流程图

教学环节	教学内容	教学活动		设计意图
		教师活动	学生活动	
创新实验　本质探究	压强对化学反应速率的影响	【PPT 展示】指示剂：溴百里香酚蓝 【实物展示】 【讲解】溴百里香酚蓝是生物学中研究微生物呼吸作用的指示剂，它的变色范围为 pH 值 6.0～7.6，接近碳酸的酸度范围，它在碱性时呈蓝色，酸性时呈黄色，过渡态时呈绿色。我们可以利用这个指示剂，间接显示不同的 CO_2 压强下与水反应生成的碳酸含量（浓度）。 【PPT 展示】$CO_2(g) + H_2O(l) = H_2CO_3(aq)$ 【提问】我们可以通过什么来判断这个反应进行的快慢呢？	【作答】通过指示剂颜色从蓝色经过绿色变化到黄色所需的时间长短来判断反应的快慢，所需要时间越短，反应的速率越快。	创新课堂演示实验，弥补教材实验空缺，使得原来只有抽象理论的内容显现为直观的实验现象，这样的设计不仅增加了化学理论的说服力，而且还发展了学生"科学探究与创新意识"的核心素养。同时

第六章 科学探究与实验教学案例研究

续表

教学环节	教学内容	教学活动		设计意图
		教师活动	学生活动	
创新实验 本质探究	压强对化学反应速率的影响	【讲解】pH减小使指示剂变成黄色,说明溶液中的碳酸浓度上升到了特定的值,如果所需的时间越短,说明碳酸产生的速率越快。现在我们给出下列仪器,请同学们利用这个原理来设计CO_2气体压强对反应速率的影响实验。 【PPT展示】实验仪器:烧瓶,注射器 实验药品:溴百里香酚蓝试剂,CO_2气体	【交流并作答】将不同量的CO_2气体注射到装有溴百里香酚蓝试剂的烧瓶中,观察颜色变化的快慢。	采用生物学研究中的微生物呼吸作用专用指示剂,实现了学科之间的知识互补,使学生跨学科研究的"科学态度"核心素养得到发展。
		【讲解】不同量的CO_2进入到同一容积的烧瓶中,产生的压强就会不同。我们控制合理的反应物用量,观察不同CO_2气体压强下的哪一个颜色会变化得更快一些。	操作实验,对比颜色变化快慢。	
		【讲解】经过对比发现,CO_2气体的压强越大,颜色变化就越快,即反应的速率就越快。为什么增大CO_2气体压强可以加快化学反应的速率呢。	阅读教材内容,领会压强变化的本质原因。	
		【小结】压强变化实质是改变了单位体积内的分子数,其本质是改变了反应物的浓度。我们从"碰撞理论"角度上来探析一下压强与浓度变化的微观差异,再来探析如果是充入稀有气体使压强增大,会不会使反应速率加快。如表。 	外界因素	化学反应速率	单位体积内有效碰撞次数	单位体积内活化分子数	活化分子百分数
增大反应物浓度	加快	增加	增加	不变
增大反应物压强	加快	增加	增加	不变
充入稀有气体体积不变增加压强	不变	不变	不变	不变			

(三)催化剂对化学反应速率的影响

【学习任务3】探究催化剂对化学反应速率的影响

【评价任务3】诊断并发展学生的实验探究能力。

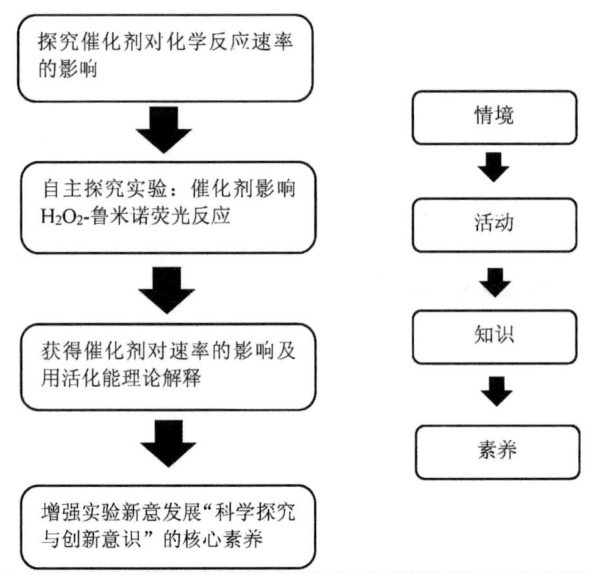

图6-13 学习任务3教学流程图

教学环节	教学内容	教学活动		设计意图
		教师活动	学生活动	
绚丽荧光 探求原理	催化剂对化学反应速率的影响	【课前准备】配制鲁米诺试剂(取一个1L的烧杯,将4.0 g的无水碳酸钠置于烧杯中,加入500 mL蒸馏水用磁力搅拌器加速溶解,称取0.2 g鲁米诺粉末于烧杯中,继续搅拌溶解,再称取24.0 g碳酸氢钠、0.5 g碳酸氢铵,20滴浓氨水,逐次加入烧杯中,用磁力搅拌数分钟,待粉末全部溶解后加入蒸馏水稀释至1000 mL,继续搅拌均匀,然后装入试剂瓶中备用),配制1:40的H_2O_2稀释溶液。 【PPT展示】鲁米诺又名发光氨,在碱性条件下遇H_2O_2分解释放的氧气会发出蓝色荧光。 【演示实验】在锥形瓶中加入50毫升的鲁米诺试剂,再倒入50毫升的H_2O_2稀释液。	观察实验现象。	应用鲁米诺试剂的荧光反应显示H_2O_2分解反应,拓展化学知识广度,延伸H_2O_2分解的应用,以此来代替原本的观察气泡速率,不仅增强了催化实验的视觉效果,增添了教材实验现象的直观性和趣味性,还使学生在实验过程中探索并领会实

第六章 科学探究与实验教学案例研究

续表

教学环节	教学内容	教学活动		设计意图
		教师活动	学生活动	
绚丽荧光 探求原理	催化剂对化学反应速率的影响	【讲解】没有看到强烈的荧光，是因为 H_2O_2 的分解反应是一个慢反应。我们加入一些硫酸铜溶液试试。 【演示实验】在锥形瓶中滴入几滴硫酸铜稀溶液，振荡摇匀锥形瓶立即产生强烈的蓝色荧光，持续数分钟左右。 【提问】加入的硫酸铜起什么作用？ 【讲解】催化剂可以加快化学反应速率，抑制剂可以减缓化学反应速率。我们从能量和微观的双重角度来探析使用催化剂是如何加快反应速率的。 【讲解】加入催化剂使反应的"活化能"降低，我们再从"碰撞理论"来探析一下。 | 外界因素	化学反应速率	单位体积内有效碰撞次数	单位体积内活化分子数	活化分子百分数 | |---|---|---|---|---| | 加入催化剂 | 加快 | 增加 | 增加 | 增加 | 【提问】大家可能发现，从"碰撞理论"上来说，升高温度与加入催化剂有相似的地方，那它们的区别在哪儿呢？ 【讲解】加入催化剂没有增加分子的能量，它只是通过改变反应途径(反应历程)，到达"过渡态"，然后再反应，这样子就降低了成为"活化分子"的标准，使得更多的分子成为"活化分子"，从而增加了有效碰撞，加快了反应速率。	【作答】催化剂作用，加快 H_2O_2 分解产生氧气。 阅读并交流"过渡态理论""活化能"变化。 【作答】升高温度使分子的能量增大，而加入催化剂是降低了"活化能"，并没有增大分子的能量。	验所蕴含的化学原理，提升了化学学科能力，发展"科学探究与创新意识"的核心素养。

173

(四)其他因素对化学反应速率的影响

【学习任务4】探究其他因素对化学反应速率的影响

【评价任务4】诊断并发展学生对化学价值的认识水平。

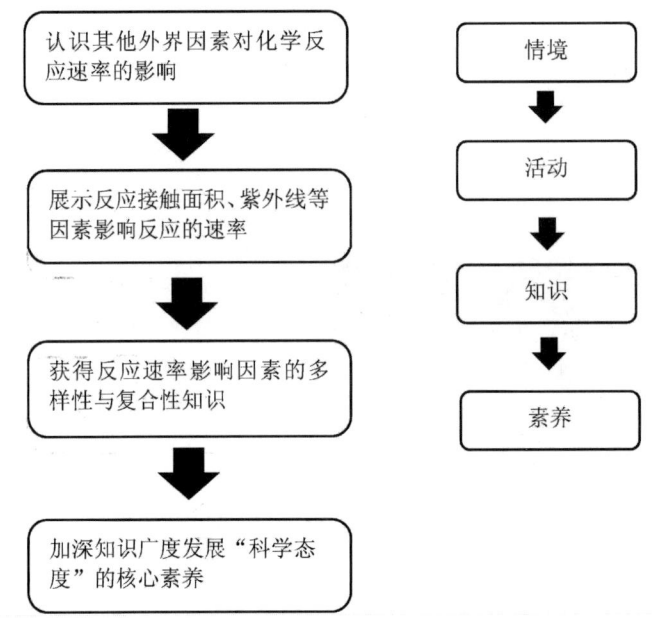

图6-14 学习任务4教学流程图

教学环节	教学内容	教学活动		设计意图
		教师活动	学生活动	
拓展广度 全面考量	其他因素对化学反应速率的影响	【视频】电视剧《伪装者》面粉工厂爆炸 【讲解】化学反应速率除了受到内因——反应物本身的性质和常见外因——浓度、温度、压强、催化剂的影响外,还有一些其他的外界影响因素也能改变反应的速率,比如反应物间的接触面积。 上述视频中,由于细小的面粉颗粒与空气有更大的接触面积,遇明火即发生了爆炸,所以面粉厂是严禁烟火的。我们在接触法制硫酸时,讲到黄铁矿要粉碎后进入沸腾炉里焚烧,以及吸收塔内要填充大量的瓷环,也都是为了增大反应的接触面积。 此外,某些反应还会受到光、电磁波、超声波等外界因素的影响。在生产或生活中的反应,往往是多个因素复合起来对某个反应发挥影响作用。		结合STS教育,拓展生活生产中的化学常识,全面考量反应速率的影响因素,体会反应速率影响因素的多样性与复合性,帮助学生构建更为科学、更为完善的知识体系,发展学生的"科学态度"的核心素养。

第六章 科学探究与实验教学案例研究

【案例评析】

本案例通过重组调整硫代硫酸钠与硫酸反应的实验,开发 CO_2 压强变化影响 BTB(溴百里香酚蓝)试剂变色快慢的创新实验,利用鲁米诺荧光反应增强 H_2O_2 催化分解实验现象的效果,并用"碰撞理论"解释影响化学反应速率的各个因素。实验和理论相辅相成,使学生对影响化学反应速率的各个因素和"碰撞理论"有深入的理解、掌握,发展学生"科学探究与创新意识""宏观辨识与微观探析""科学态度与社会责任"等核心素养。

整个教学过程有以下特色:

(1)突出实验探究活动的设计,培养学生核心素养

本案例教学设计在核心素养导向下,以实验探究为主题,调整教材中的已有实验,结合新开发的创新实验,增强原实验的视觉效果。通过学生参与设计,主动操作,亲身体验,感受科学探究的过程,充分调动学生的思维,成为知识的主动建构者。学生在多个实验的探究过程中汲取化学核心知识,体验和感悟科学探究的乐趣与艰辛,发展学生"科学探究与创新意识""宏观辨识与微观探析""科学态度与社会责任"等核心素养。

(2)走进生产生活中的化学,拓展学生的认知广度

通过展示电视剧《伪装者》面粉工厂爆炸的视频、介绍工业中使用接触法制硫酸需粉碎黄铁矿等生产生活中的实例,拓展生活生产中的化学知识。向学生介绍除浓度、温度、压强、催化剂外的其余影响化学反应速率的因素,如反应物间的接触面积、光、电磁波等。使学生对反应速率的影响因素有更全面的认识,体会反应速率影响因素的多样性与复合性,帮助学生构建更为科学、更为完善的知识体系,发展学生的"科学态度与社会责任"的核心素养。

(3)注重"教、学、评"一体化

本案例融合"教、学、评"一体化的"情境线""活动线""知识线"和"素养线"的教学流程,注重教学目标与评价目标、学习任务与评价任务、学习方式与评价方式的整体性、一致性设计。通过学生在实验探究等活动中的具体表现,运用提问、反馈等手段,了解学生对影响化学反应速率的因素的掌握情况,充分发挥了化学日常学习评价的诊断与发展功能。

第四节　影响化学平衡移动的因素实验教学案例研究

"化学平衡"第2课时教学设计

教材链接:普通高中教科书《化学》选择性必修1 化学反应原理(人民教育出版社,2019年)。

主要内容:浓度、压强、温度对平衡移动的影响;勒夏特列原理。

【案例描述】

一、教学与评价目标

(一)教学目标

1.通过复习可逆反应、平衡状态特征、平衡常数等概念培养学生的微粒观和平衡思想,从微观的角度建构概念。

2.通过问题探究和实验探究的方式研究浓度、压强和温度对化学平衡的影响过程,发展学生科学探究与创新意识素养,正确理解平衡移动原理。

3.在实验探究过程中培养学生的观察能力、记录实验现象及设计简单实验的能力,培养学生实事求是的科学态度,提高学生分析问题、解决问题、交流和表达的能力。

4.从定性讨论到定量分析和概念建构的过程中培养学生基于证据进行分析推理和模型认知的能力。

5.能运用化学平衡移动原理指导工业生产实践,使学生深刻理解化学与技术、生产实践的关系。

(二)评价目标

1.通过探究浓度、压强、温度对平衡移动的影响,诊断并发展学生宏观辨识与微观探析、变化观念与平衡思想、证据推理与模型认知的素养水平。

2.通过实验探究和问题探究,诊断并发展实验探究能力以及学生科学探究与创新意识的素养水平。

3.通过归纳总结平衡移动规律,运用已有知识方法解决实际问题,诊断并发展学生的提取信息归纳总结的能力和科学态度与社会责任的素养水平。

二、教学与评价思路

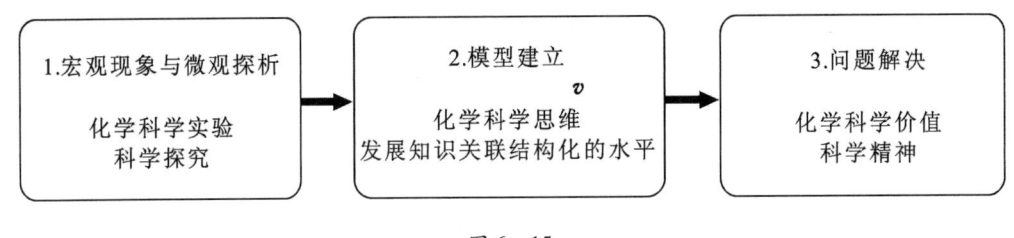

图6-15

三、教学流程

(一)浓度变化对平衡移动的影响

【学习任务1】探究浓度对平衡移动的影响。

【评价任务1】诊断并发展学生宏观辨识与微观探析、变化观念与平衡思想、证据推理与模型认知的素养水平以及实验探究能力。

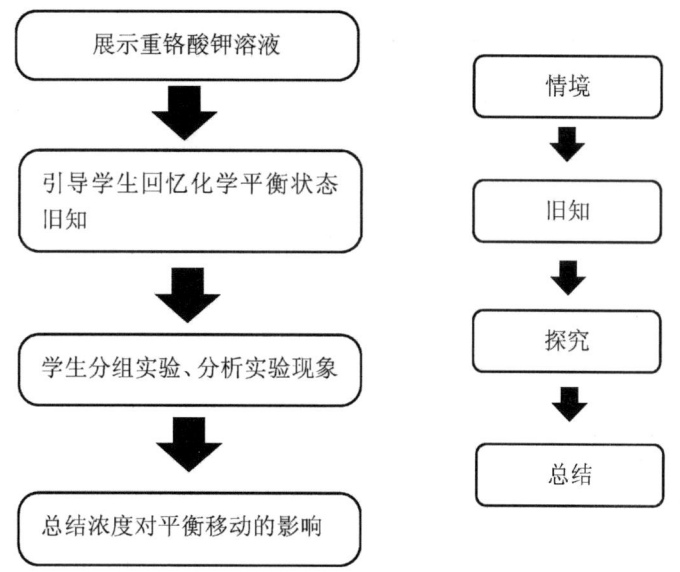

图 6-16

教学环节	教学内容	教学活动		设计意图
		教师活动	学生活动	
情境引入		直接展示重铬酸钾溶液,引发学生思考此时重铬酸钾溶液盐溶液处于什么状态?	观察、回忆、思考。	培养学生观察思考能力和运用旧知解决问题的能力。
温故知新	浓度对平衡移动的影响	$Cr_2O_7^{2-}$(橙色)$+ H_2O \rightleftharpoons$ $2CrO_4^{2-}$(黄色)$+ 2H^+$ 通过对重铬酸钾溶液成分的分析,引导学生回忆可逆反应、化学平衡状态及特征、化学平衡常数等概念。 提问:哪些特征说明其处于平衡状态?	在教师环环相扣的问题引导下思考,回忆所学知识,以所给信息为载体进行复习,为新课的学习埋下伏笔。	发展学生宏观辨识与微观探析素养,培养学生的微粒观,进一步建立平衡思想。

续表

教学环节	教学内容	教学活动		设计意图
		教师活动	学生活动	
核心探究 概念建构 模型建构	浓度变化对平衡移动的影响	反问：化学平衡会永恒不变吗？改变此溶液的酸度能使平衡发生变化吗？组织学生分组实验，在溶液中滴加烧碱：问题探究一：怎样应用已有的知识分析这一现象？继续让学生设想加酸后的现象，并通过分组实验验证，在此基础上引导学生建构平衡移动的概念，并同时展示动画帮助学生理解平衡移动方向的规律。 （图：电梯上的小人，$v_正$ $v_逆$，电梯） 提问：如何通过改变其他物质浓度使平衡向正反应方向移动？引导学生分析各种情况，最终组织学生利用平衡常数来分析加水后平衡的移动结果。 带领学生梳理浓度对平衡移动的影响，从移动方向和移动结果找寻规律。	实验探究一：分组实验，观察现象，思考原因。 学生回答：减小氢离子浓度，直接减小逆反应速率，导致 $v_正 > v_逆$，不断向生成铬酸根离子的方向移动，最终达到新的平衡，观察到出现黄色溶液的现象。 预测加酸后的现象，继续分组探究，往黄色溶液中滴加硫酸。 自主建构概念，观察动画，思考平衡移动的规律。 讨论多种方案，思考加水为什么平衡向正反应方向移动，学会从平衡常数和浓度商的大小关系来解释平衡移动的方向。 及时小结浓度对平衡移动的影响规律，初步得出"移动削弱浓度的改变"的规律。	发展学生的变化观念，能用对立统一、联系发展和动态平衡的观念来看待问题。 能从问题和假设出发，确定探究目的、设计探究方案，进行科学探究；通过分组实验中点滴板的使用培养学生绿色化学的意识。 发展学生证据推理和模型认知素养，在此基础上真正理解浓度改变对平衡移动的影响，而并不是死记硬背。 发展学生提炼、概括能力。

（二）压强及温度对平衡移动的影响

【学习任务2】探究压强及温度对平衡移动的影响。

【评价任务2】诊断并发展学生科学探究与创新意识、证据推理与模型认知的素养水平以及实验探究能力。

第六章 科学探究与实验教学案例研究

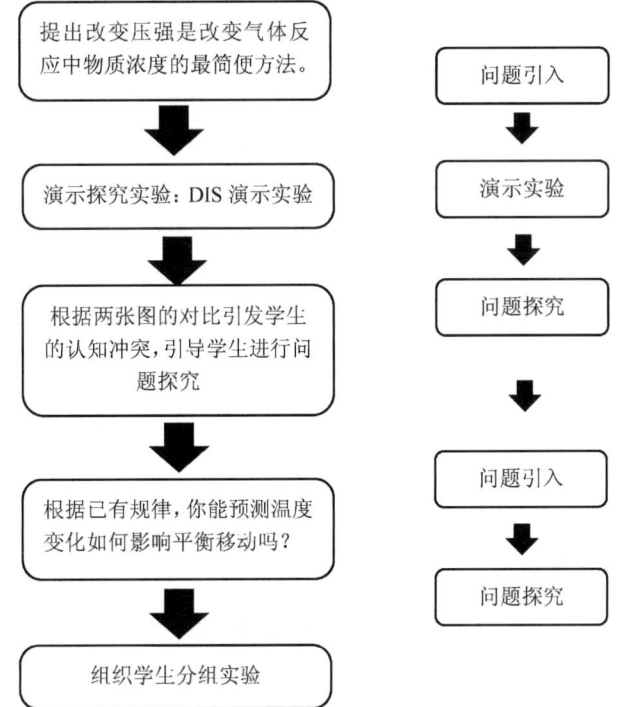

图 6-17

教学环节	教学内容	教学活动		设计意图
		教师活动	学生活动	
核心探究 概念建构 模型建构	压强对平衡移动的影响	压强变化对平衡移动的影响 $2NO_2(气) \rightleftharpoons N_2O_4(气)$ 讲述：改变压强是改变气体反应中物质浓度的最简便方法。 组织学生活动——按照要求画出压强时间图像。 实验探究二：DIS 演示实验	学生听讲、思考并回答问题。 学生活动：将装有 20 mL NO_2 气体的针筒在 t_1 时刻迅速压缩至 10 mL 处并保持不动，试画出 $p-t$ 图像。 问题探究二： 观察实验现象，对比两张图的异同，并分析主要原因。	发展学生创新意识和尊重实验事实的科学探究素养，锻炼学生的思维能力、动手能力、概括能力、评价能力和自我反思能力。 培养学生严谨求实的科学精神，从定性讨论压强变化与平衡移动的关系，到以平衡常数来定量分析平

179

续表

教学环节	教学内容	教学活动		设计意图
		教师活动	学生活动	
核心探究 概念建构 模型建构	压强对平衡移动的影响	根据两张图的对比引发学生的认知冲突，引导学生进行问题探究，最终以"小尖角蕴含大文章"的科学探究精神对学生进行鼓励。 提问：如何用平衡常数从理论的角度解释上述平衡移动规律？ 组织学生在总结浓度和压强的影响基础上建构平衡移动规律的模型。	从实验事实概括出压强变化对平衡移动的影响规律。 继续从平衡常数的角度分析压强对平衡移动的影响规律，进一步熟悉平衡常数的运用。听讲、思考、分析并进一步提炼规律。	衡移动的方向，培养学生基于证据进行分析推理的能力。
	温度变化对平衡移动的影响	温度变化对平衡移动的影响 问题探究三：根据已有规律，你能预测温度变化如何影响平衡移动吗？ 组织学生分组实验。	理解、归纳，听讲、类比，预测温度变化对平衡移动的影响。 实验探究三：分组实验，验证温度对平衡的影响结论。 $Co(H_2O)_6^{2+} + 4Cl^- \rightleftharpoons$ $CoCl_4^{2-} + 6H_2O \quad \Delta H > 0$	能依据事实，分析研究对象的构成要素和各要素的关系，建立认识模型，提升核心素养。 用分组实验学会从特殊到一般，再由一般到特殊的科学研究方法。

(三) 知识升华、问题解决

【学习任务3】归纳总结平衡移动规律，运用已有知识方法解决实际问题。

【评价任务3】诊断并发展学生的提取信息并归纳总结的能力，以及科学精神与社会责任的素养水平。

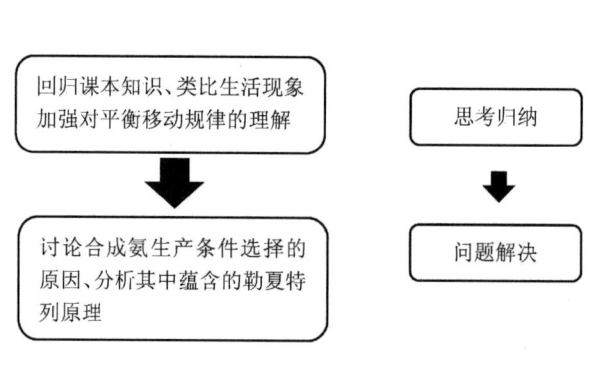

图 6-18

第六章 科学探究与实验教学案例研究

教学环节	教学内容	教学活动		设计意图
		教师活动	学生活动	
知识升华 学以致用		引导学生进一步提炼平衡移动原理,并对其普适性加以总结。带领学生回归课本核心知识,引导学生阅读教材,理解勒夏特列原理。 类比生活现象,如啤酒倒入杯中冒泡、煤气中毒病人抢救方法,以及物理学中楞次定律,生物学上的负反馈效应等强化学生对平衡移动规律的理解。	回忆、思考、讨论,归纳总结形成共识,并能运用这些知识和方法综合分析、全面认识化学平衡移动原理对自然界可能带来的各种影响。	培养学生提取信息及归纳总结能力,同时使学生通过生活现象和自然规律进一步理解勒夏特列原理的内涵。
		组织学生讨论合成氨生产条件选择的原因,用理论指导生产实践,并及时进行点评。 提问:分别从浓度、压强、温度的角度分析合成氨工艺条件的选择哪些符合勒夏特列原理?	巩固所学知识,小组讨论并回答相应问题,互相补充和评价。	由实践到理论,再由理论指导实践。发展学生能用已有知识和方法去应用、解决实际问题的能力,在此基础上进一步发展学生科学精神与社会责任素养。

【案例评析】

本案例通过三次问题探究和三次实验探究展开教学,并与多媒体技术有机结合,在探究过程中充分重视学生"宏观辨识与微观探析、变化观念与平衡思想、证据推理与模型认知、科学探究与创新意识、科学精神与社会责任"等核心素养的发展。

整个教学设计有以下特色:

(1)开展数字化实验,增强直观体验

本案例运用数字化实验仪器使实验现象更加直观,增加课堂趣味性和直观性。如探究压强变化对平衡移动的影响,开展学生针筒实验和教师 DIS 演示实验,记录针筒内压强变化,得到两张存在差异的 $p-t$ 图,引发学生的认知冲突,培养学生严谨求实的科学精神,发展学生的创新意识和尊重实验事实的科学探究素养,提高学生的动手能力、概括能力和自我反思能力。

(2)设计实验探究,提升学生的证据推理能力

通过实验探究方案的设计、生活场景动画模拟、DIS 实验探究、平衡常数的推理论证、实验预测及检验、及时归纳总结等丰富的探究手段,使学生能自主建构概念,理解平衡移动的规律。同时培养学生严谨求实的科学精神,从定性讨论影响化学平衡移动的因素,到通过定

量实验验证自己的猜想,帮助学生建立观点、证据和结论之间的逻辑关系,通过分析、推理等方法认识研究对象的本质特征,培养学生基于证据进行分析推理的能力。

(3)结合实际,学以致用

通过引导学生运用平衡移动原理对生活中的相关现象进行解释,类比物理学中楞次定律、生物学上的负反馈效应等知识强化学生对平衡移动规律的理解。组织小组讨论,分别从浓度、压强、温度的角度分析合成氨工艺条件的选择哪些符合勒夏特列原理,进一步强化学生对原理的理解和运用,由实践到理论,再由理论指导实践。发展学生用已有知识和方法去应用、解决实际问题的能力,在此基础上进一步发展学生"科学精神与社会责任"素养。

参考文献

[1]胡巢生.基于学科核心素养的初中化学教学设计:以"质量守恒定律"为例[J].化学教学,2018(02):45-49.

[2]马佩强,孟静.巧用情境线索 渗透核心素养 创设生机课堂:以"铁的重要化合物"的教学设计为例[J].化学教与学,2019(09):51-55+33.

[3]顾仲良.基于发展"科学探究与创新意识"核心素养的教学设计:以"影响化学反应速率的因素"为例[J].化学教与学,2021(10):56-59+94.

[4]钱华,姜国峰.发展学生素养 构建高效课堂:"化学平衡的移动"教学设计[J].化学教与学,2017(03):63-65+40.

[5]杨砚宁.巧设实验让经典焕发新意:"化学反应中物质的质量关系"课堂实验教学设计分析[J].化学教育,2016,37(11):66-68.

[6]郭建虹.基于建构化学基本观念的对比教学法:以"质量守恒定律"教学设计为例[J].化学教育,2016,37(01):30-33.